JN212858

知識ゼロからの

問題社員のトラブル解決

円満退職のすすめ方

島田法律事務所 代表弁護士
島田直行

幻冬舎

はじめに

経営は、それぞれの人生をかけた作品です。「社員とのトラブル」を解決するには経営者の姿勢が重要です

労働人口の減少もあって採用あるいは育成といった「ひと」についての議論がにぎやかです。根底にあるのは「組織さえ整えれば事業はうまくいく」という期待です。ですがこれは幻想でしかありません。

私は、これまで会社側の代理人として200件以上の労働事件に対処してきました。その果てに断言できることは、**組織の成長は組織論ではなく経営者の姿勢ひとつによって決まる**ということです。経営者に覚悟があれば組織は適度に緊張感があり、活気づくものです。

いかにして問題を終わらせるか

本書は、覚悟を決めた経営者に問題社員への対応方法を実務ベースでお伝えするものです。**空理空論ではなく「実際にどうするべきか」という視点でまとめています。**いくら知識があっても現場で利用できなければ意味がないからです。

中小企業の多くは、オーナー企業です。オーナー企業は、たいてい限られた人員で組織を構成しています。人的つながりが強固であることは、組織の強みであると同時に弱みにもなります。つながりが強く

閉鎖的であるがゆえに、たったひとりの問題社員によって組織全体が壊れてしまう可能性もあります。経営者のなかには、悩み過ぎて本業が手につかなくなったひともいます。これでは事業が立ち行かなくなります。

そこで、「この問題を終わらせる」という意思が求められます。その方法のひとつが会社から退職を提案することです。

退職を提案することは、ときに経営者及び社員にとってつらい決断となります。しかし、問題から目を背けてはなりません。何が正解なのかわからない分野だからこそ、経営者が自ら考えて決断するしかないのです。

今の姿勢が未来を変える

オーナー企業は、経営者そのものと言っても過言ではありません。**経営者しだいで会社の雰囲気はガラリと変わります。問題社員によって職場に曇りが生じれば、それは当該社員だけの責任ではありません。**経営者の姿勢にもなにがしかの問題があったと考えるべきです。「あ

の社員のせい」と誰かを批判することは簡単です。ですが、それでは本質的な解決には至りません。経営者自身の姿勢も振り返る必要があります。そこで、本書では経営者の姿勢についても触れています。

一体感のある会社では、社員が経営者に対してある種の畏れに近い感覚を持っています。「この社長についていこう」という意識です。そういう組織をぜひ皆さんの手でつくりあげてください。経営者が自らの器を磨き上げることは、この先の社員とのトラブルを回避することにつながります。

経営者の役割は職場の火消しではありません。本書は、経営者の皆さんが本来の役割を果たし、自社を飛躍させるために捧げます。

島田法律事務所 代表弁護士 **島田直行**

＊本書の内容は執筆当時（2024年8月時点）の法律などをもとにしています。
＊掲載事例については、特定がなされないよう業種・地域などを適宜変更しています。

経営者が悩む

問題社員ってどんな社員なの？

経営者が困っている問題社員には、どんなケースがあるでしょうか。問題解決の話に進む前にみてみましょう。日々の業務に関することから大きなトラブルまで、会社ではいろいろな困りごとが起こっています。

「指導しても改善しない」

よかれと思って指導するものの、不服そうに聞いている。指導を受け入れようとする姿勢がなく、指導するたびに反発が強くなっているように感じる。

職場のルールに従わない

「クレーマー化している」

会社からの説明は聞かず、会社の不満を一方的に言い放つ。「弁護士に相談している」「いつでも裁判できる」などと会社にプレッシャーをかけてくることも。対応に時間がとられて、会社の業務に支障を来す。

「協調性がない」

周囲の社員とうまくコミュニケーションをとって業務を進めてくれない。注意しても「周囲が合わせてくれない」として認めない。不機嫌なふるまいで、周りの社員に威圧感を与えているひともいる。

指導すると「パワハラ！」と言ってくる

「セクハラをしている」

ほかの社員からの相談で発覚。しかし本人はセクハラをしたことを認めず、事実無根だと会社を責める。会社は被害にあった社員と加害者とされる社員への対応で板挟みに…。

「パワハラを繰り返している」

パワハラを指摘しても、本人は「部下のため」と反論。まったく改善の余地がみられない。逆に会社の自分への指導が不適切と訴える。

「労基署へ相談します」が口癖

会社の
雰囲気を
悪くさせる
「不正を
していた」
じつは中小企業あるある。長年の横領で会社に大損失をもたらす。当該社員への対応だけでなく、損失をどうカバーするかに経営者は頭を悩ませるようになる。
どのケースでも解雇は会社にとって不利ですし、問題の長期化や悪化を招いてしまいます
そうそう
わかる
うんうん
「ひと」の
感情に配慮
した対応を
とりましょう
問題社員
お悩みBOX
「がんばってほしい」
という気持ちは
あるのですが
１章から順に
読んでいくと、
問題解決の道筋が
みえてきますよ
何とか円満に
辞めてくれないかと
も思って…
さぁ、
問題解決へ！

〈もくじ〉

3章 解決の「型」が握る 円満退職成功への道

4章 典型事例からみえる 個別対応のポイント

1章

中小企業は静かに壊れる
問題の本質をみつめよう

中小企業の経営者のホンネ

「気を遣うことに疲れました」

組織は静かに壊れていく

「気を遣うことに疲れました」

問題社員への対応に疲弊しきった経営者の一言です。職場で浮いている社員の態度を改善させようと努力をされてきました。それでも**本人の態度は一向に変わらず、むしろ反発を強めるばかりです。**経営者は、社員の態度に感情的になってしまい語気強く指導してしまいました。すると直ちに弁護士から「パワハラを受けた」という内容証明が送られてくる羽目に。経営者は、憤りを超えて徒労感に襲われます。

▼中小企業が抱えやすい「ひとの問題」

完璧な組織というものはありません。いずれの職場も「ひとの問題」を抱えています。SNSで職場の華やかな雰囲気を掲載している企業でさえ、実情については怪し

いものです。職場に問題があるがゆえに華やかさを演出しているだけかもしれません。

中小企業では、人間同士の関係が極めて密です。密であるがゆえに、たったひとりの問題社員の態度で組織が壊れてしまいます。そうして、優秀な社員であるほど組織の問題を敏感に感じとり、早期に職場から離れていきます。**残された社員のモチベーションもしだいに低下していきます。**

▼「なぜ対応が難しいのか」を考える

ひとの問題を解決しようとすると、その難しさに愕然とします。本やセミナーで対応を学んでも具体的な改善には至りません。影響と要因を把握しなければ対策も表面的なものに終わってしまうからです。

そこで1章では、問題社員が経営に与える影響と問題社員がうまれる要因について整理していきます。

1章のKeypoint

- 「対応が難しい」を「なぜ難しいのか」などと視点を変えてみると、問題の本質がみえてきます
- 事実を踏まえてこそ、効果的な解決策を打ちだすことができます

問題社員が会社に与えるダメージ

中小企業にとって時間は武器。その時間が不毛に奪われていく

問題社員が経営に与える影響のひとつは、対応に時間を奪われてしまうことです。

中小企業は大企業と勝負すれば、圧倒的な資本力の差で敗れるに決まっています。中小企業にとって時間は武器。社員への対応に時間を奪われることは、時間の浪費だけではなく成長の可能性を自ら手放しているようなものです。

●非生産的な議論がループ

問題社員の対応で多くの時間が奪われるのは、労使間の議論がかみ合わないからです。本人は、自

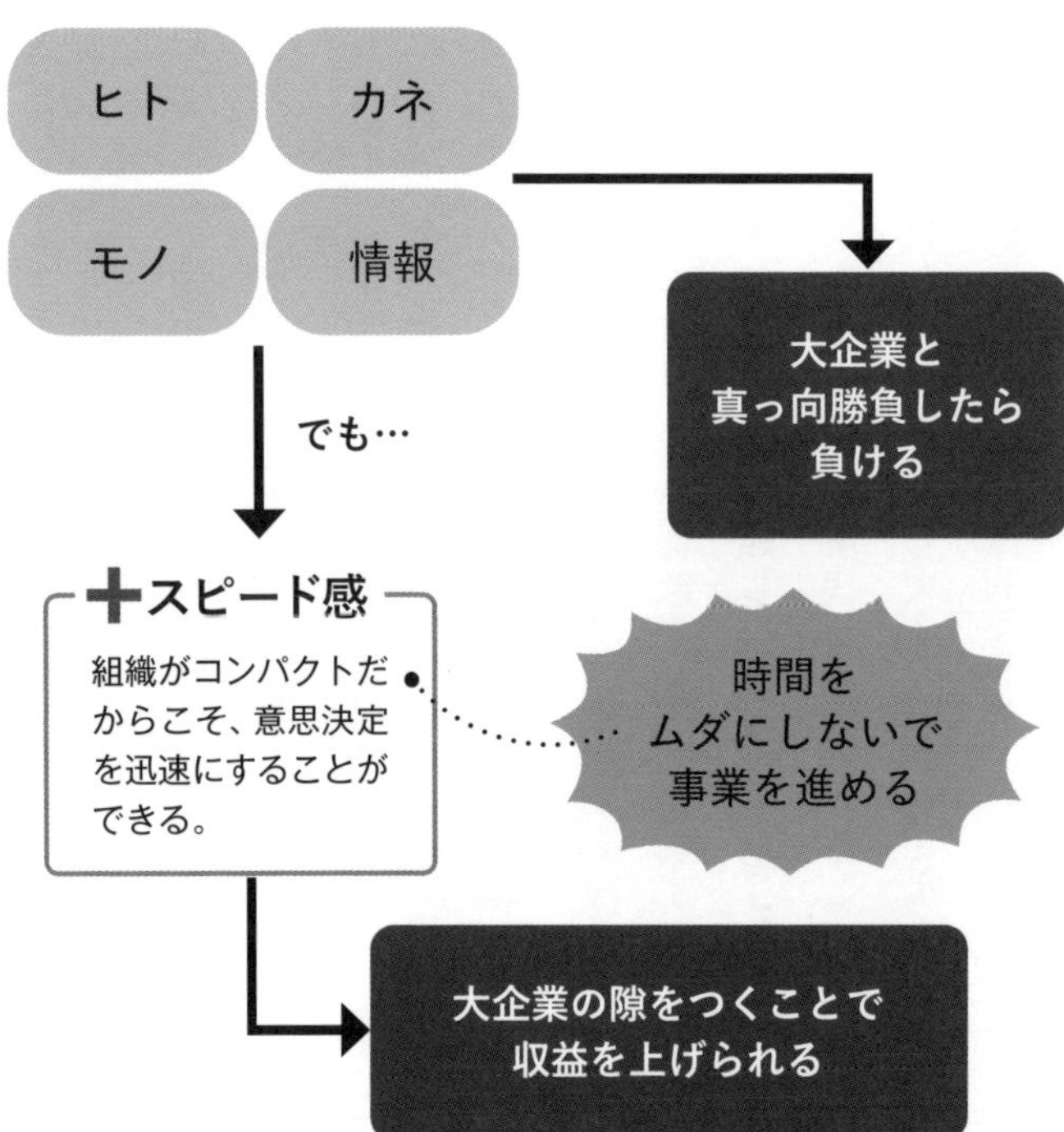

終わりなき問題社員への対応で時間がムダに消費される

聞く意思がない相手に何を言っても、たいてい伝わりません。
時間がどんどん消費されます。

とりとめのない議論が繰り返される

経営者は徒労感に襲われてしまう。

分の行為や態度について問題があるものと認識していません。行為そのものより、それを「問題」として認識できないところに問題社員たる所以があります。

説明すれば理解してくれるというのはひとつの幻想です。相手に真摯に聞き入る姿勢があれば、問題社員という評価には至りません。

問題社員が
会社に与える
ダメージ

心理的安全性がなくなり、気づけば生気のない会社に

モチベーションは、入社時がもっとも高い状態です。それは時間の経過と共に低下していきます。経営者が検討すべきなのは、モチベーションを「上げる」のではなく「下げない」ことです。

しかし、問題社員は、ほかの社員の心理的安全性を脅かし、モチベーションを奪い去ります。

相談を受けて会社を訪問することがありますが、挨拶をしても周囲の様子を窺う（うかが）だけの社員のうつろな目は、職場で様々なものを奪われたことを示しています。

誰もが心理的安全性を求めている

組織に関して、「心理的安全性」という概念があります。
職場にいる誰もが求めていることでモチベーションにも
関わります。

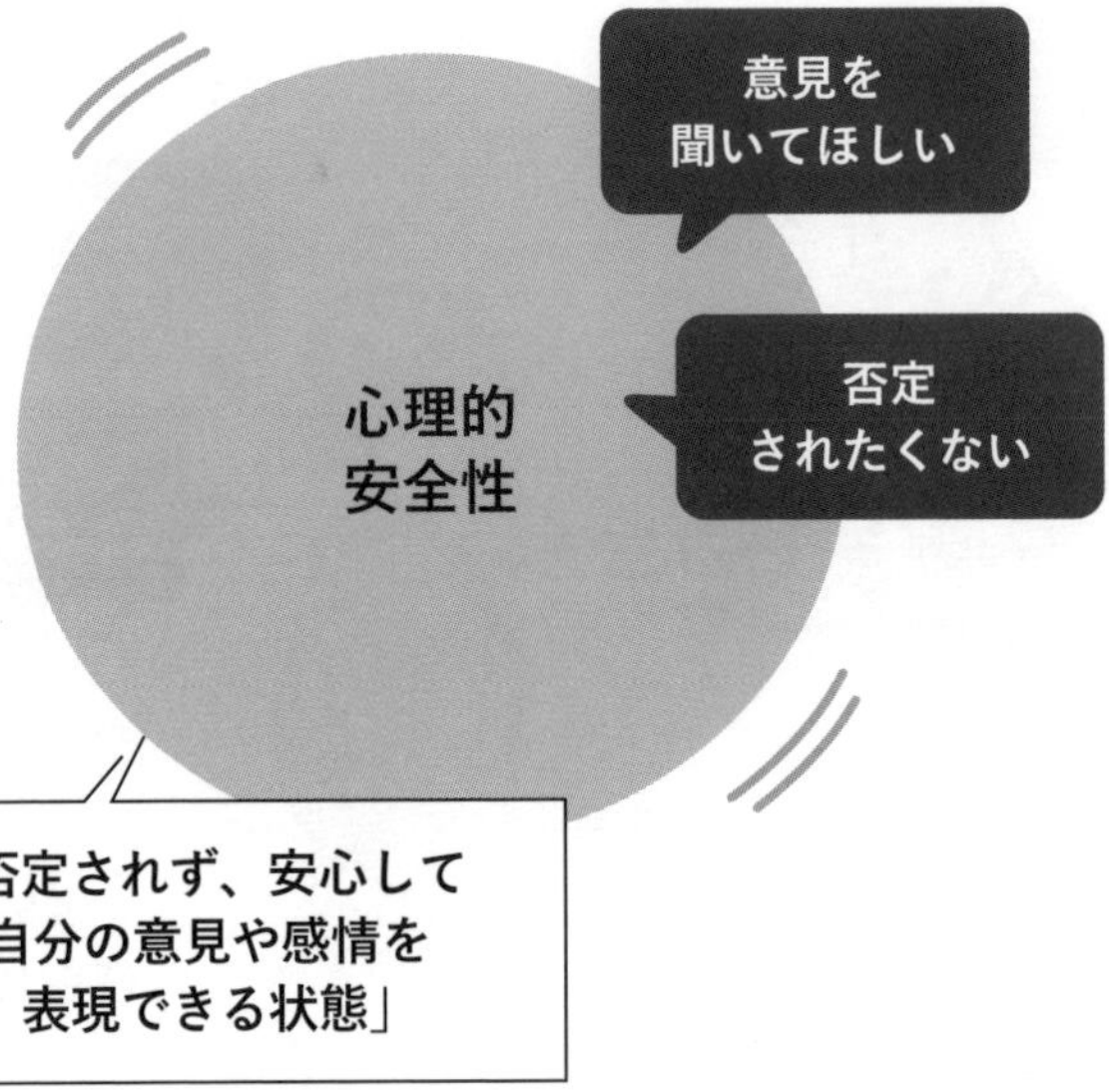

心理的
安全性

意見を
聞いてほしい

否定
されたくない

「否定されず、安心して
自分の意見や感情を
表現できる状態」

“触らぬ神に祟りなし” 状態でモチベーションが低下していく

**問題社員は周囲のひとを一方的に否定・批判します。
圧倒的な破壊力でほかの社員のモチベーションまで奪われることに。**

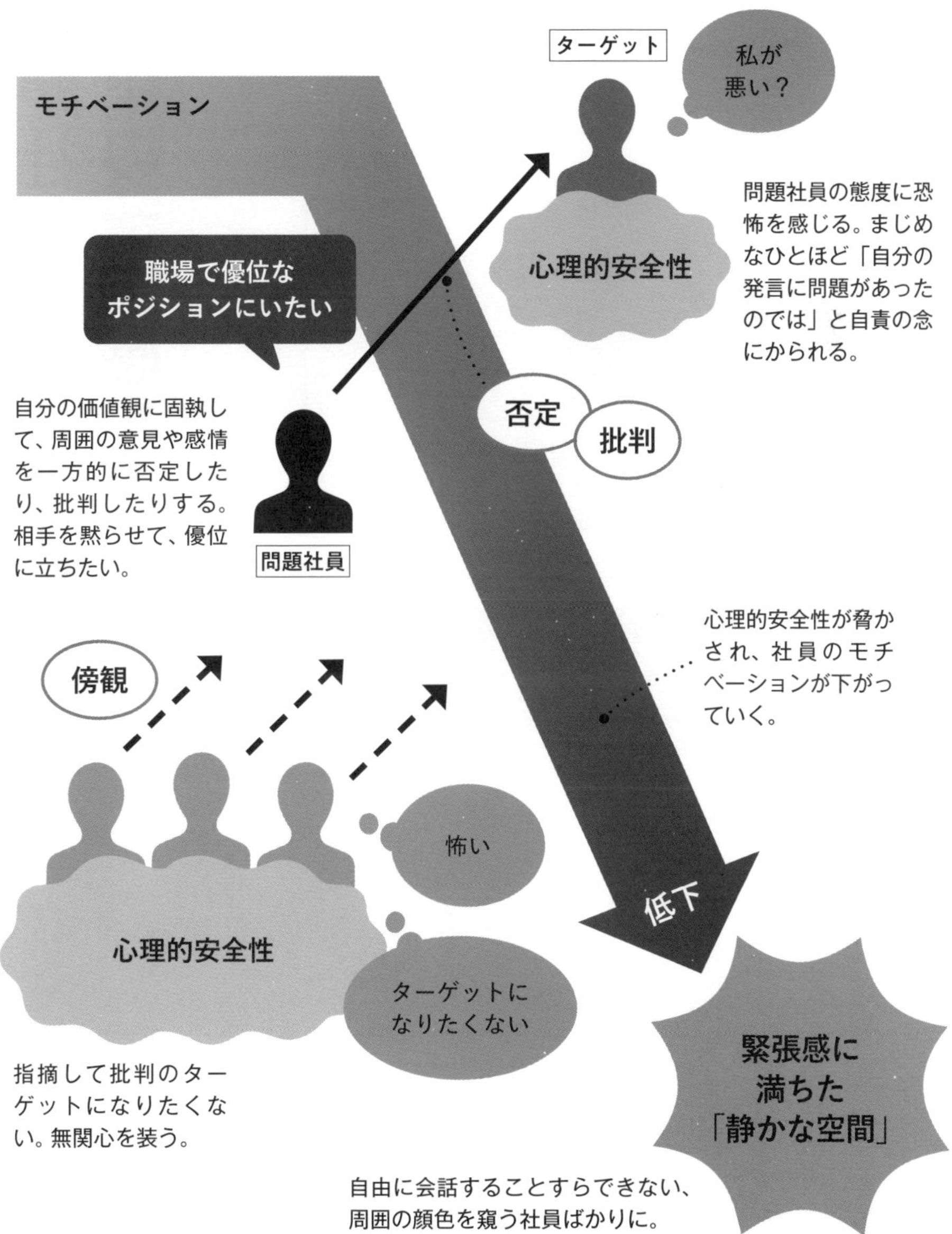

問題社員が
会社に与える
ダメージ

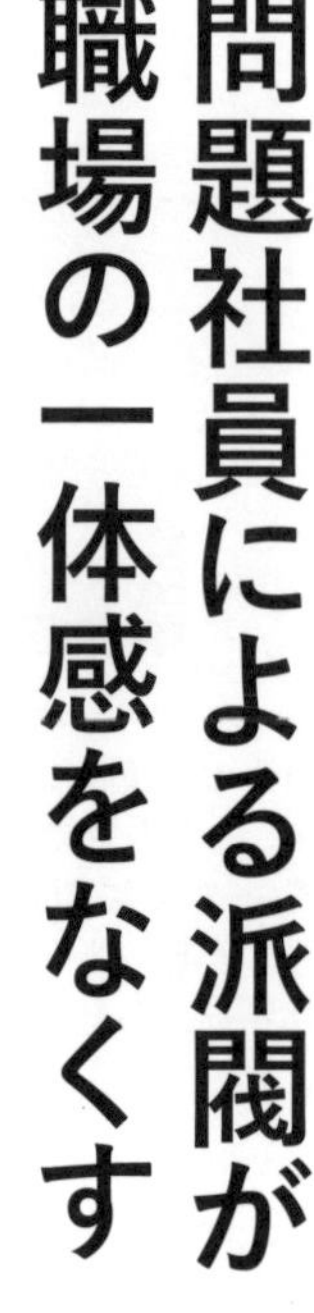

問題社員による派閥が
職場の一体感をなくす

少しの関係のズレが組織にひびを入れる

中小企業は限られた人員で事業を展開しています。おのずと人間関係がタイトになり、それゆえの組織のもろさがあります。

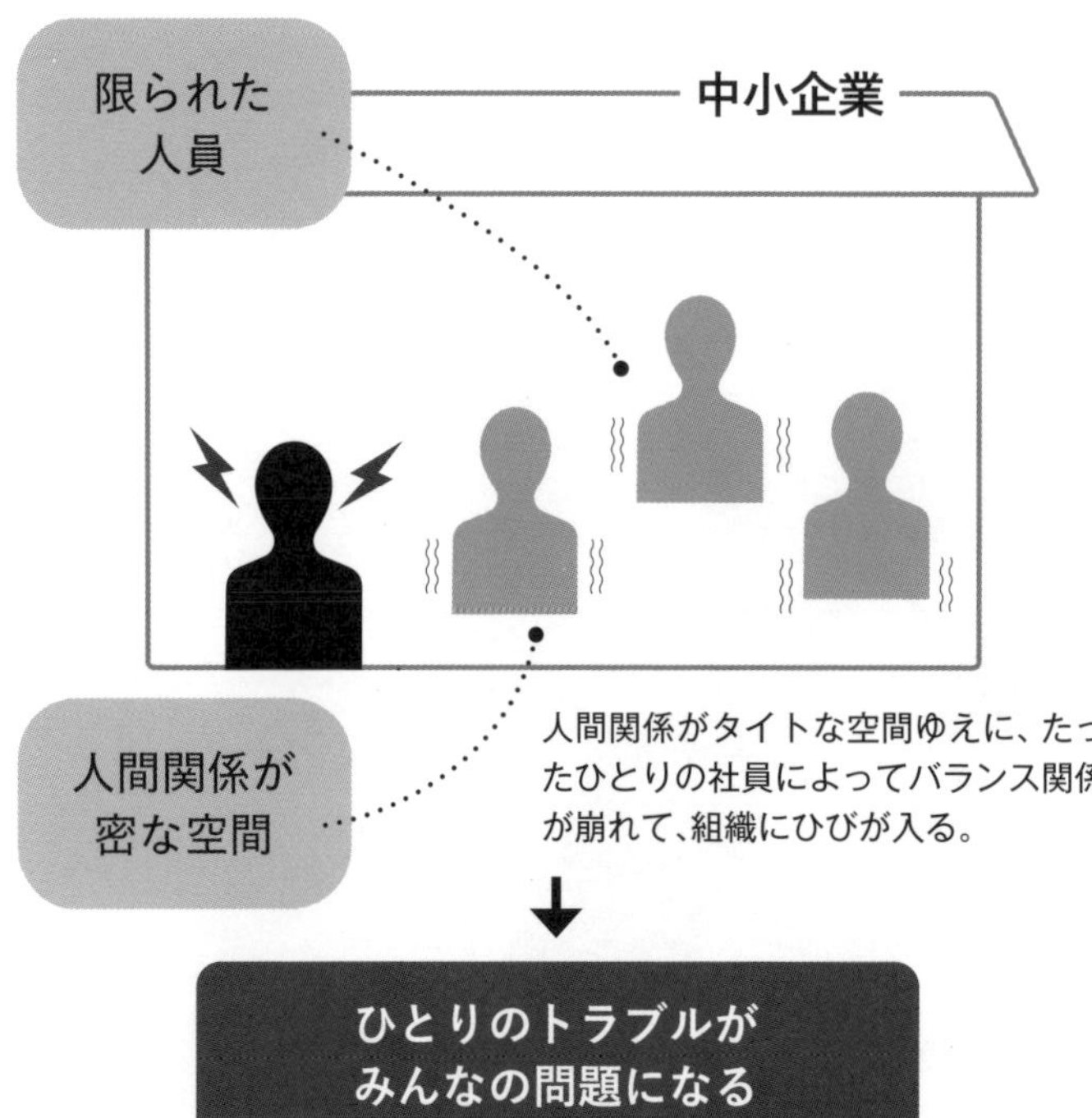

問題社員は、職場における地位を確立しようと、周囲を「自分に従うひと」と「従わないひと」に区別して認識します。

周囲の社員は、問題社員に積極的に賛同する意思などありません。それでもいつのまにか「敵」「味方」の集団に組み込まれます。

ひとは、特定の集団に組み込まれるとおのずと所属する集団への帰属意識が生じます。芽生えた帰属意識は、ほかの集団の否定へとつながるリスクがあります。これが職場の分断を招きます。

問題社員が派閥をつくり、職場に対立がうまれる

問題社員は、周囲を「自分に従うひと」と「従わないひと」に区別します。気づかないうちに派閥がうまれ、職場が分断されます。

最初は
適当に話を合わせていただけなのに…
でも…
しだいに帰属意識がうまれる
適当に話を合わせていただけなのに「味方」に組み込まれる。しだいに帰属意識が生じる。
派閥形成
帰属意識が「ほかの集団への否定」を芽生えさせ、ほかのメンバーを排斥する。
批判
否定
あのひとは問題社員側なのか…
従うひと
VS
従わないひと
職場が対立の場になる

まさかのケース

看護師長 vs. 副看護師長で4人が退職

ある医療機関では、看護師長と副看護師長の派閥ができてしまいました。副看護師長は、腹心3人と連名で「看護師長を解雇しなければ退職する」と申し出ました。

院長は看護師長の解雇を拒否。副看護師長らは、退職しました。その後に退職者のひとりから、副看護師長に仕方なく従っただけというお詫びがありました。「なぜ、こんなことに」という言いようのない後悔だけが残る結末です。

問題社員がうまれる要因

労働者を保護する法律がときに過剰な要求をうむ

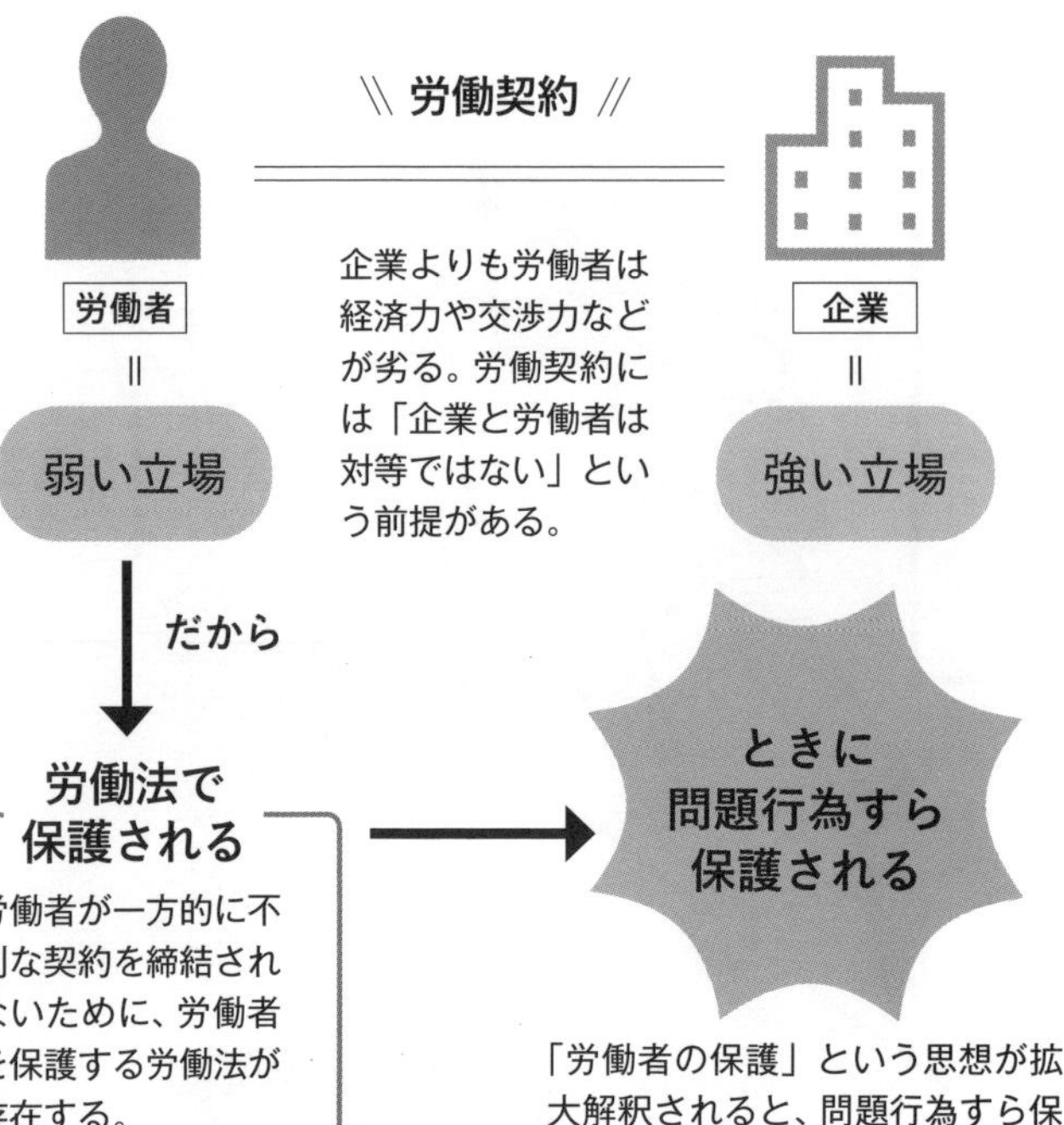

労働法は労働者を保護するもの
労働者保護のためにつくられた法律が「労働法」です。
労働法は企業や経営者を守ってはくれません。
労働契約
労働者
=
弱い立場
企業
=
強い立場
企業よりも労働者は経済力や交渉力などが劣る。労働契約には「企業と労働者は対等ではない」という前提がある。
だから
労働法で保護される
労働者が一方的に不利な契約を締結されないために、労働者を保護する労働法が存在する。
ときに問題行為すら保護される
「労働者の保護」という思想が拡大解釈されると、問題行為すら保護されてしまう。

ここからは、問題社員がうまれる要因について確認します。まずは労働者を保護する「労働法」の存在です。労働者を保護するという目的は正当です。たいていの経営者も社員の暮らしを守ることを信条にしています。しかし、この労働法の拡大解釈が問題社員をつくりあげることがあります。

●労働法が主張の根拠になる

例えば、協調性のない社員に「ほかの社員に合わせて」と指導したら「労働契約で協調性など求められていない」とすごい剣幕で

労働者保護の意識が立場を錯覚させる

昨今は「労働者の保護」という思想が拡大解釈されて、中小企業の文化や価値観といったものを侵食するようになっています。

反論されてしまいました。やむを得ずに解雇したところ、不当解雇と判断されたケースがあります。「経営としてのあるべき論」と「法律論としてのあるべき論」は、一致しないということです。ある経営者は、「労働法によって企業文化が失われていく」と嘆いていました。

経営者の抱く価値観は、その会社のオリジナリティを形づくっている。「法律だから」と安易に否定されることは、経営者を萎縮させる。

問題社員が
うまれる
要因

売り手市場の社会が「もめごと」へのハードルを下げている

会社にこだわらない時代がやってきた

圧倒的な人手不足の時代になり、転職に対するハードルは随分低くなりました。売り手市場の社会により労働者の価値観が変化しています。

かつての社会

会社サイド

これから人口が増えて
市場規模も大きくなる
みんなでがんばっていこう！

終身雇用

年功序列

人口増加と市場規模の拡大を背景に、終身雇用や年功序列といった制度がうまれた。「定年まで働き続ける」という労働観を後押しすることに。

社員サイド

定年まで、この会社で働き続けよう！

今の社会

会社サイド

人手が足りない。
採用を増やさなきゃ

圧倒的な
売り手市場

少子高齢化による労働人口の減少から、多くの会社が人手不足に。圧倒的な売り手市場となり、こだわらなければ仕事を容易に見つけられる社会になった。

社員サイド

次が見つけやすい。
今の会社にこだわる必要がない

次がある安心感から、もめごとが増える

「会社ともめたら再就職に響くのではないか」という心理的抑止力は、もはやないものと考えるべきです。

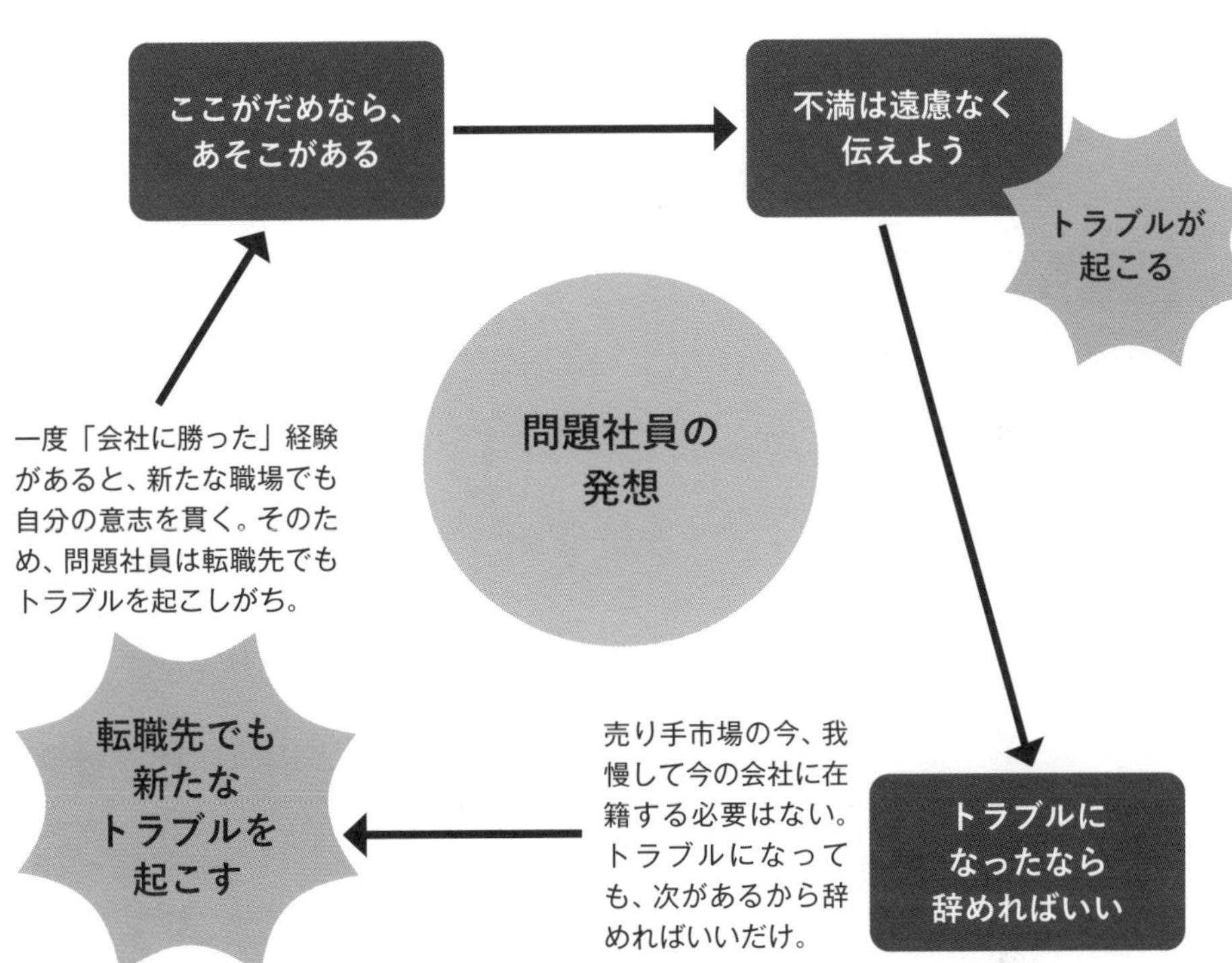

少子高齢化による労働人口の減少が社会問題となっています。2040年には、1100万人の労働力が不足するという指摘すらあります。この社会の変化は、転職に対するハードルを随分と低くしました。「ここがだめなら、あそこがある」という発想です。これも問題社員をうみだす要因です。

●問題社員の渡り鳥化

問題社員は、転職先でも問題を引き起こします。特に医療や福祉の分野では、業界内での往来が多いため問題社員が漂流します。いわば渡り鳥のようなものです。「応募があっただけでもありがたい」と採用したら対応に苦労しているケースも少なくありません。

問題社員がうまれる要因

誰もが情報を得られる時代。〝都合のいい〟情報を集めやすい

ひとは、情報を自分に都合よく解釈します。その習性が問題社員の間違った自信をうみだす素地にもなります。

特に問題社員は、周囲が驚くほど自分に自信があります。そのため、仮にトラブルを起こしても、自分で集めた情報を都合よく解釈して周囲を攻撃します。

こういったひとは、ネットで知り得た情報を切り貼りして自分に都合よく労働法を解釈しています。そして経営者は、専門用語で反論されて思考停止に陥ります。

問題社員は自分の正しさに自信がある

問題社員の根底には「自信」があります。
意見の相違があったときに正しいのは自分。
周囲と折り合いをつけるのが苦手です。

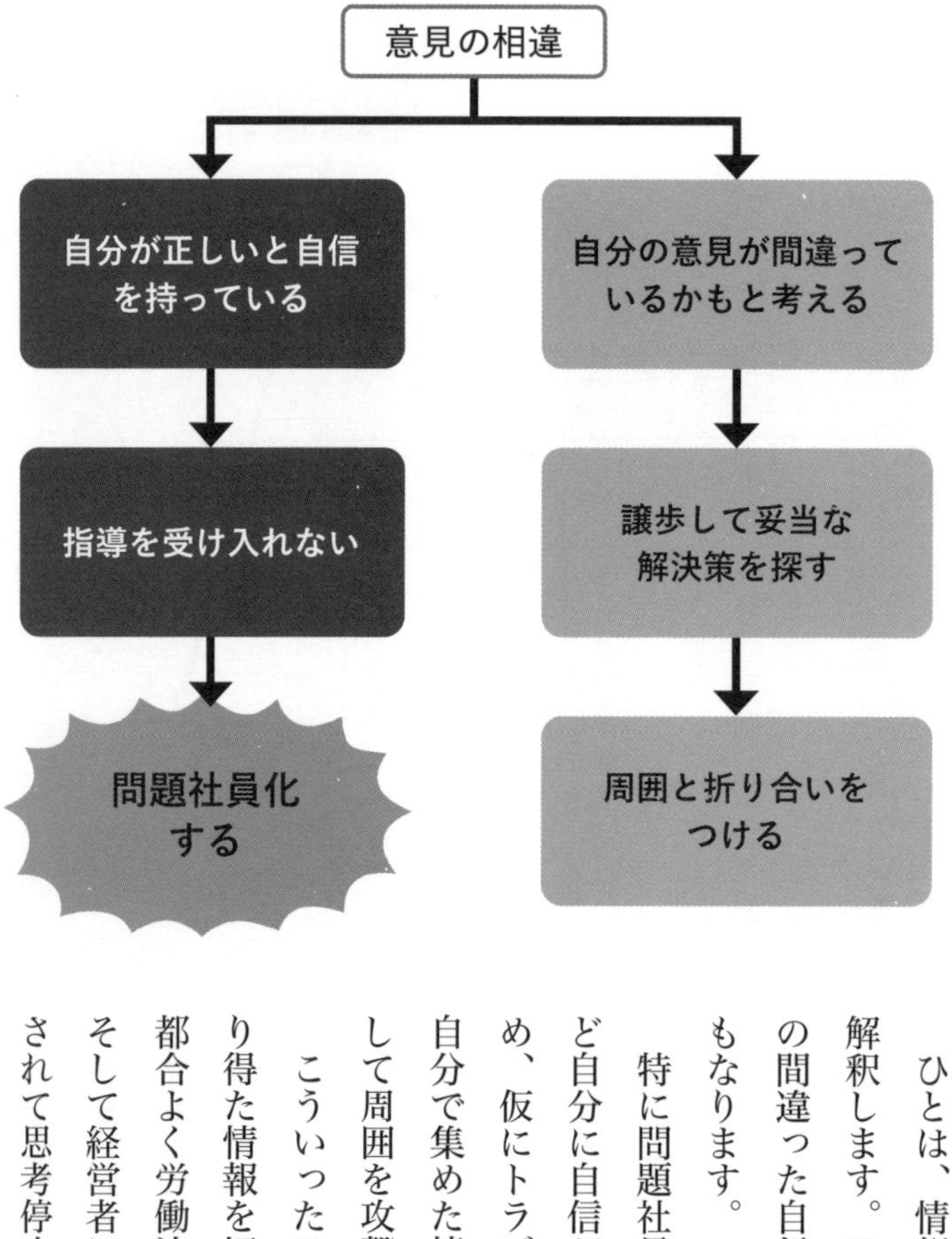

意見の相違

- 自分が正しいと自信を持っている → 指導を受け入れない → 問題社員化する
- 自分の意見が間違っているかもと考える → 譲歩して妥当な解決策を探す → 周囲と折り合いをつける

ネットを通じて大量の情報を容易に手に入れられる時代。
都合よく解釈した情報で自信を強め、周囲を攻撃しやすくなっています。

主張
「職場環境の改善のために」

ホンネ
「言い負かしたい」
職場環境の改善という大義をかかげ、自分の正しさを主張する。自己優越感に浸っている。

根拠
ネットの情報
ネットで知り得た情報を切り貼りし、自分に都合よく労働法を解釈する。

問題社員は真実と虚飾を織り交ぜながら「会社からいじめられた」という物語をつくることも。そういう話に限って周囲の興味を集めSNSなどで拡散されてしまう。

大量にあふれている

反論

経営者は、聞きなれない専門用語で反論されると思考停止してしまう。

●自信が問題を膨らませる

現在は、ネットを通じて大量の情報を容易に手に入れることができるようになりました。つまり、自分に都合のいい情報を集めやすいということです。これは「自信」による問題社員化を助長することにつながります。

対応が難しい理由

労働事件はひと対ひと。だからこそ、解決に苦労する

対応が難しくなる３つの理由

問題社員の対応が難しい理由は大きく分けて３つあります。いずれも、労働事件がひとの問題であるがゆえに生じる難しさと言えるでしょう。

1 ひとは簡単には変われない ⇒P27
「ひとは、適切な指導を受けることで変わることができる」とされているが、ひとにはそう簡単に変われない部分がある。

2 展開が読みにくい ⇒P28
ひとは思うほど論理的に行動できない。労働事件は「ひとの感情」が揺れ動くことで、展開が予測しにくくなってしまう。

3 要求がエスカレートする ⇒P29
「会社に勝った！」という経験をすると、自信が強まり、「職場のため」という大義をまといながら、個人的な要求をするようになる。

ここからは問題社員とのトラブルを解決するまでの道のりが険しい理由について確認していきます。まずは「ひとは簡単には変われない」ということからです。

●問題と指導が食い違う

多くの経営者は、問題社員に関して能力ではなく性格について課題を感じています。そのため「協調性がない」「いつも機嫌が悪い」などと抽象的に問題を表現します。それにもかかわらずコミュニケーションスキルといった「能力」についてばかり育成しようとします。

理由❶

ひとは簡単には変われない

個人は「性格」と「能力」という2つの要素で評価されます。経営者は「能力」にフォーカスしがちですが、実際の課題は「性格」です。

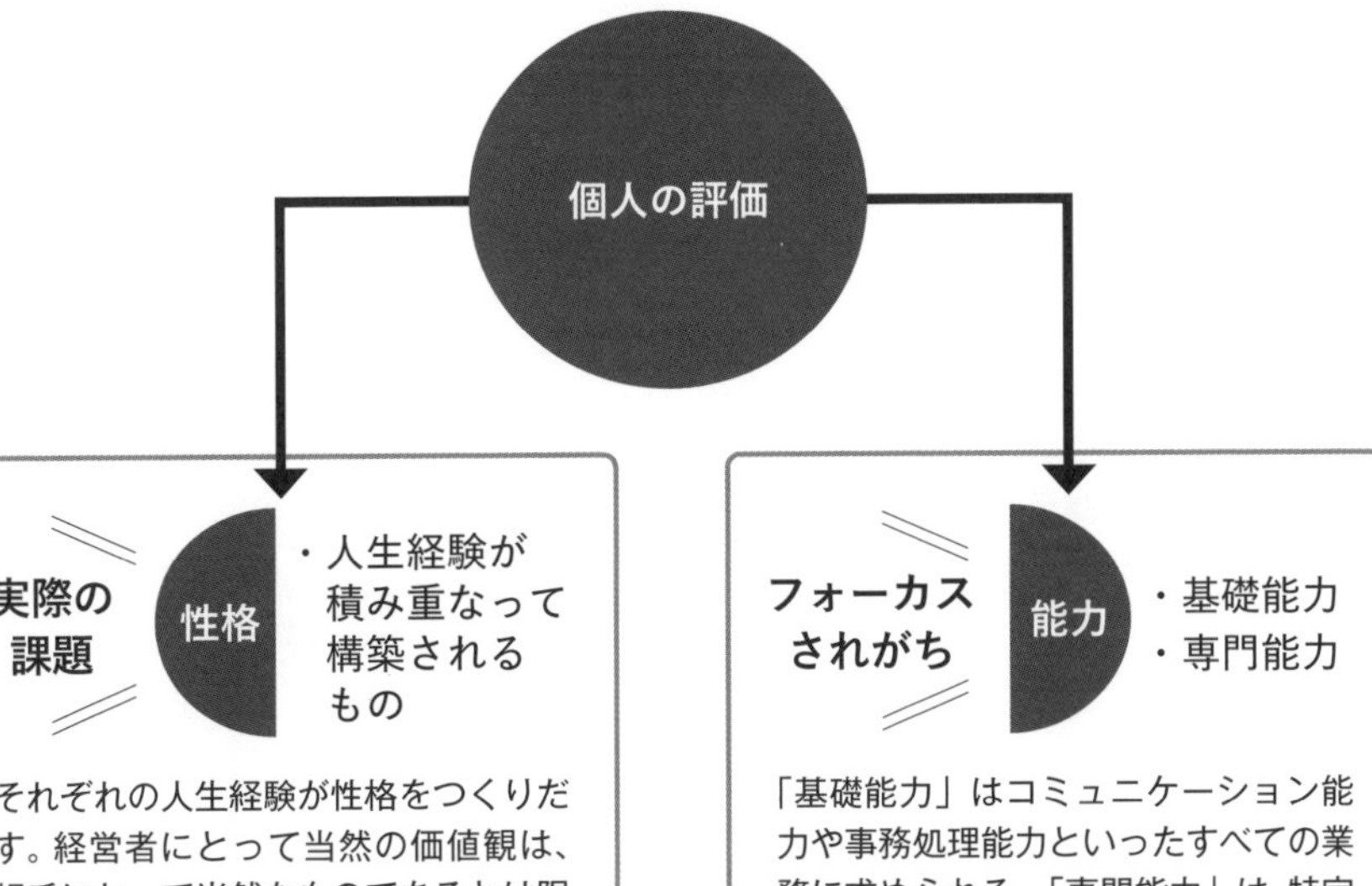

個人の評価
実際の課題
性格
・人生経験が積み重なって構築されるもの
それぞれの人生経験が性格をつくりだす。経営者にとって当然の価値観は、相手にとって当然なものであるとは限らない。
フォーカスされがち
能力
・基礎能力
・専門能力
「基礎能力」はコミュニケーション能力や事務処理能力といったすべての業務に求められる。「専門能力」は、特定の業務に関して求められる。

簡単には変えられない

外部からの指導で変えられる

だから

繰り返し
指導しても
改善しないんです

となる

性格と能力の課題を区別しておらず、「変わらないもの」を「変わるもの」と誤解しているがゆえの不幸。

経営者からは、「指導しても改善しない」という徒労感に満ちた台詞を何度も聞いてきました。これは性格と能力を区別せず指導しているからです。何を指導したいのかよく見極め、「性格は簡単に変わらない」というあきらめも現実的には必要となります。

理由❷

展開が読みにくい

労働事件は、流れゆく川のように予想できない展開をします。それは、経営者と社員の対立の根底に「感情」があるからです。

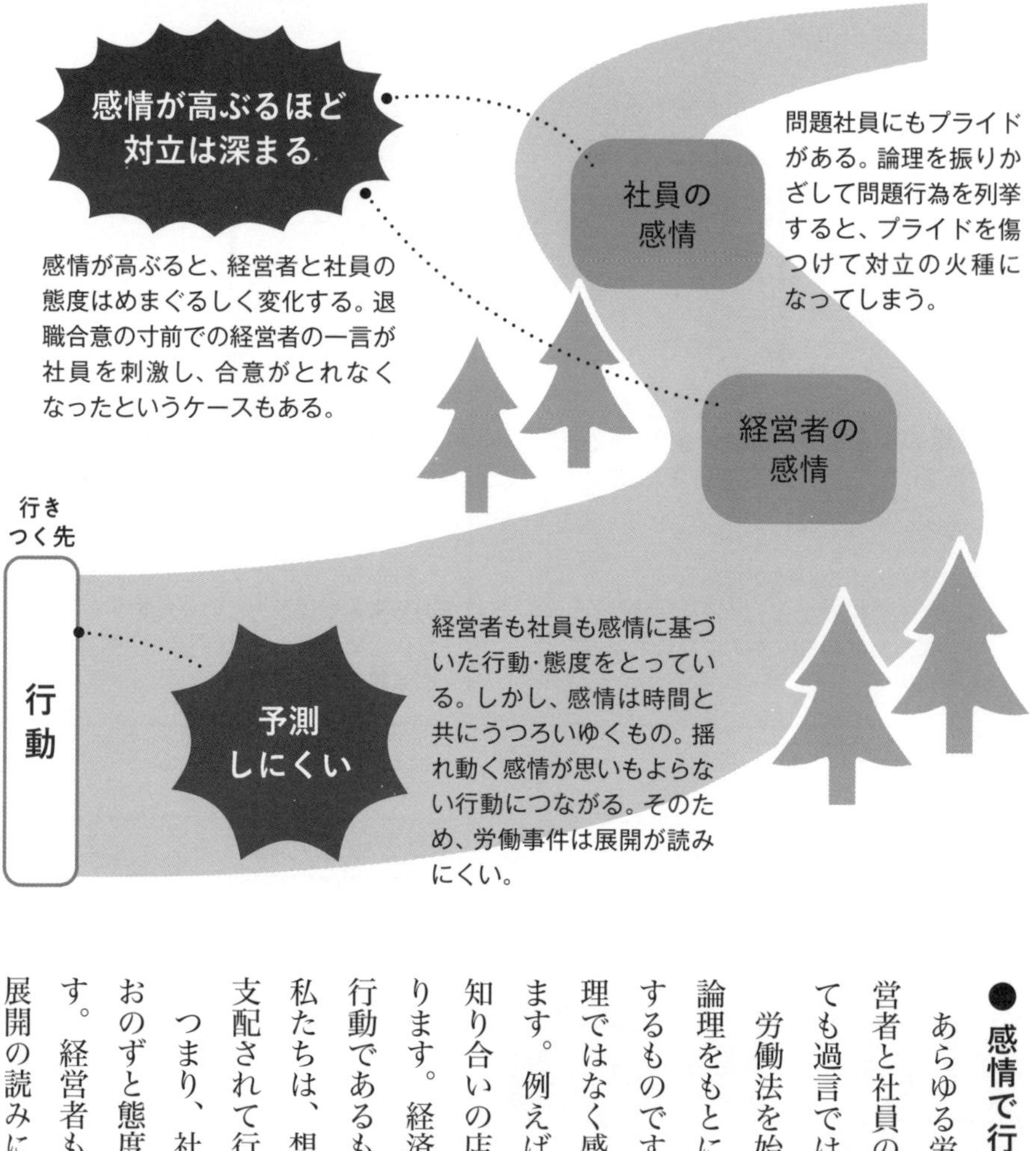

●感情で行動が変わる

あらゆる労働事件の根幹は、経営者と社員の感情的な対立と言っても過言ではありません。

労働法を始めとしたルールは、論理をもとに行動を制御しようとするものです。現実の人間は、論理ではなく感情に基づいて行動します。例えば少しくらい高くても知り合いの店で物を買うことがあります。経済的にみれば非合理な行動であるものの自然な行動です。私たちは、想像するよりも感情に支配されて行動をしています。

つまり、社員の感情が変われば、おのずと態度も変わってしまいます。経営者も同様です。ここに、展開の読みにくさがあります。

理由❸

要求がエスカレートする

問題社員が「会社に勝った」という自信を得ると、「みんなのために」と脚色して個人的な要求をするようになり、さらなる問題を招きます。

会社が裁判で負ける

裁判で労働事件の決着をつけようとしても、社員の主張が認められるケースが圧倒的に多い。

自信が先鋭化する

会社に勝って先鋭化した自信がうまれる。

「みんなのために」と個人的な要求をする

個人的な要求でも「みんなのために」と脚色する。そうして派閥（⇒P19）をつくるようになり、経営者への攻撃を強める。

まさかのケース

「弁護士に」「労働基準監督署（労基署）へ」が定型文に

裁判に勝ち、「経営者に勝った」という先鋭化した自信と共に戻ってきた社員は、職場の問題点をひたすら指摘するようになりました。拒否すれば、すぐに「弁護士に」「労基署へ」と反論。経営者を含め管理職は怖くて何も言えず、社員の要求は増えるばかりです。

●会社は「自分のもの」

問題社員のなかには、先鋭化した自信を手にして会社を「自分のもの」と錯覚するひともいます。

裁判では社員の主張が認められるケースが圧倒的に多いです。これによって問題社員は、いっそう自信を強め、経営者への攻撃を強めるようになります。なかには役員報酬にまで言及してきたケースも目にしたことがあります。

こうなると先鋭化した自信を事後的におさえようとしても不可能です。おさえようとするほどより鋭利な刃物になってしまいます。経営者と争うことが目的化しているため「要求が実現しないから退職」ということにはなりません。

解決にかかる負担

会社は解決するために多額の現金が必要になる

想像以上の支出で、資金繰りにも影響が！

裁判になれば、積み上げてきた利益が溶けていきます。
裁判になった場合、会社には以下のような支払いが生じます。

残業代請求

不当解雇と一緒に残業代請求をされることがある。例えば長距離ドライバーの残業代請求では、1000万円近くの請求を受けることも。

解決金

不当解雇で争われると、解決金として社員の年収相当の金額を負担することもある。

まさかのケース

裁判になったら、
1000万円を超えるお金がとんでいった

解雇の事案で相談を受けたとき「裁判は避けるべき」とアドバイスをしたら、「弱気では困る」と言われ、依頼に至りませんでした。その会社は裁判をして1000万円を超える解決金の支払いを余儀なくされたようです。

いかなる問題も解決には負担を伴います。社員とのトラブルにしても同様です。まずはわかりやすい経済的負担から考えてみます。

事業に関するトラブルを解決するには、最終的にはお金の話になります。労働事件も、たいてい会社が金銭を支払うことで解決します。「なぜ問題社員に払わないといけないのか。こちらが被害にあっている。むしろ損害賠償を請求したいくらいだ」と口にする経営者も珍しくありません。言いたいことはわかりますが、感情だけで

在籍している社員の人件費

必要な資料の手配などを在籍している社員に頼んだ場合、本来の業務ではないことに対する人件費が生じる。

弁護士費用

最初に支払う着手金だけでも数十万円以上かかることになる。案件が成功した場合は、別途成功報酬も支払う必要がでてくる。

売上につながらない支出ばかり

いずれの支出も投資にはならない。売上にまったく貢献しない経費となってしまう。

支払いはたいてい一括

問題社員へは、基本的に一括で支払うことになる。手元現金で対応せざるを得ない。

は解決に至らないのが現状です。

● 資金繰りにも影響がある

金融機関が労働事件のために融資することは考えにくいため、こうした解決にかかる費用は、手元現金で対応せざるを得ません。結果、経営者は資金繰りにも頭を抱えることになります。

問題社員に迷惑をかけられているのに、ほかの社員の努力でうみだした利益を奪われるようで納得できない

経営者は、社員が汗水流してうみだした利益が溶けていくようで理不尽に感じる。

解決にかかる負担

思わぬところに落とし穴。事業に支障がでてくる可能性も

問題社員が事業の主要な部分を掌握していたり、専任として従事していたりすると、対応を誤ったときに事業そのものに支障がでることがあります。

問題社員への対応では「その社員」ばかりに意識を向けてしまい、周囲がみえなくなりがちです。

しかし、それぞれの社員は、担当する業務と紐付いています。解雇といった具体的な行動を起こす際には、業務との関係性を確認しておくべきです。一度切れた糸は、二度と元には戻りません。

問題社員が抜けると、事業の妨げになる!?

「問題社員である」と意識し過ぎるあまり、問題社員が担当する業務を顧みずにいると、思わぬトラブルが起こります。

＼＼ 例えば… ／／

問題社員が一定の地位を有している

例えばセクハラの加害者は部長や課長といった、一定の地位を有する場合が多い。「トップは自分を解雇できない」という自信がみられる。

特定の業務に従事

中小企業は限られた人員で複数の業務をまわしている。問題社員が特定の業務に従事しているケースがある。

問題社員が辞めてから、トラブルが起こり大あわてすることになる。

まさかのケース

会社の信用を傷つけて去っていく

サービス業を営むA社では、若手女性からセクハラ被害の相談がありました。加害者とされたのは、営業部長。彼はもともと横柄な態度が社内で問題視されていました。

経営者は、以前から退職してもらいたいと思っていたため、今回のセクハラ被害を受けて覚悟を決めて彼を退職させました。

いざ退職させると取引先とのやりとりがまったく記録に残っていません。しかも元部長は、関係者に事実無根のことを吹聴して会社の信用を傷つけていました。会社は取引先から叱責されてしまいました。

落とし穴

事業の主要な部分を掌握している

経営者の気づかないうちに、事業の主要な部分を握っていることがある。取引先にも影響が及ぶ。

落とし穴

誰も代わりに担当できない

問題社員が辞めた途端に事業がストップ。ほかの社員が代わりに担当しようにもできない、という事態に。

まさかのケース

基幹システムに不具合が生じ、関係者から怒濤のクレーム

ある製造業のB社には、仕事はできるものの経営者との折り合いが悪いシステムエンジニアがいました。経営者はささいなことで彼を退職させてしまいました。

後日、自社の基幹システムに不具合が生じて関係者から怒濤のクレームが押し寄せました。業者にあわてて依頼すると、「退職した彼の協力がないと対応できない」ということに。まさに地獄の様相を呈しました。

解決にかかる負担

問題社員への対応で心がえぐられていく

“よかれ”と思っていた。だから苦しい

労働事件で経営者が特にストレスを抱えるのは、問題社員であっても期待して採用したという事実があるからです。

社員の人生も含めて背負わなければならない

経営者は、社員の人生を背負う覚悟を持って採用に臨む。

よかれと思い、期待して採用した

問題点があるからといって、退職を勧めるのは無責任？

責任感から葛藤する

社員の人生を背負っているという責任感から「問題社員だから」と割り切れず、対応に苦しむ。

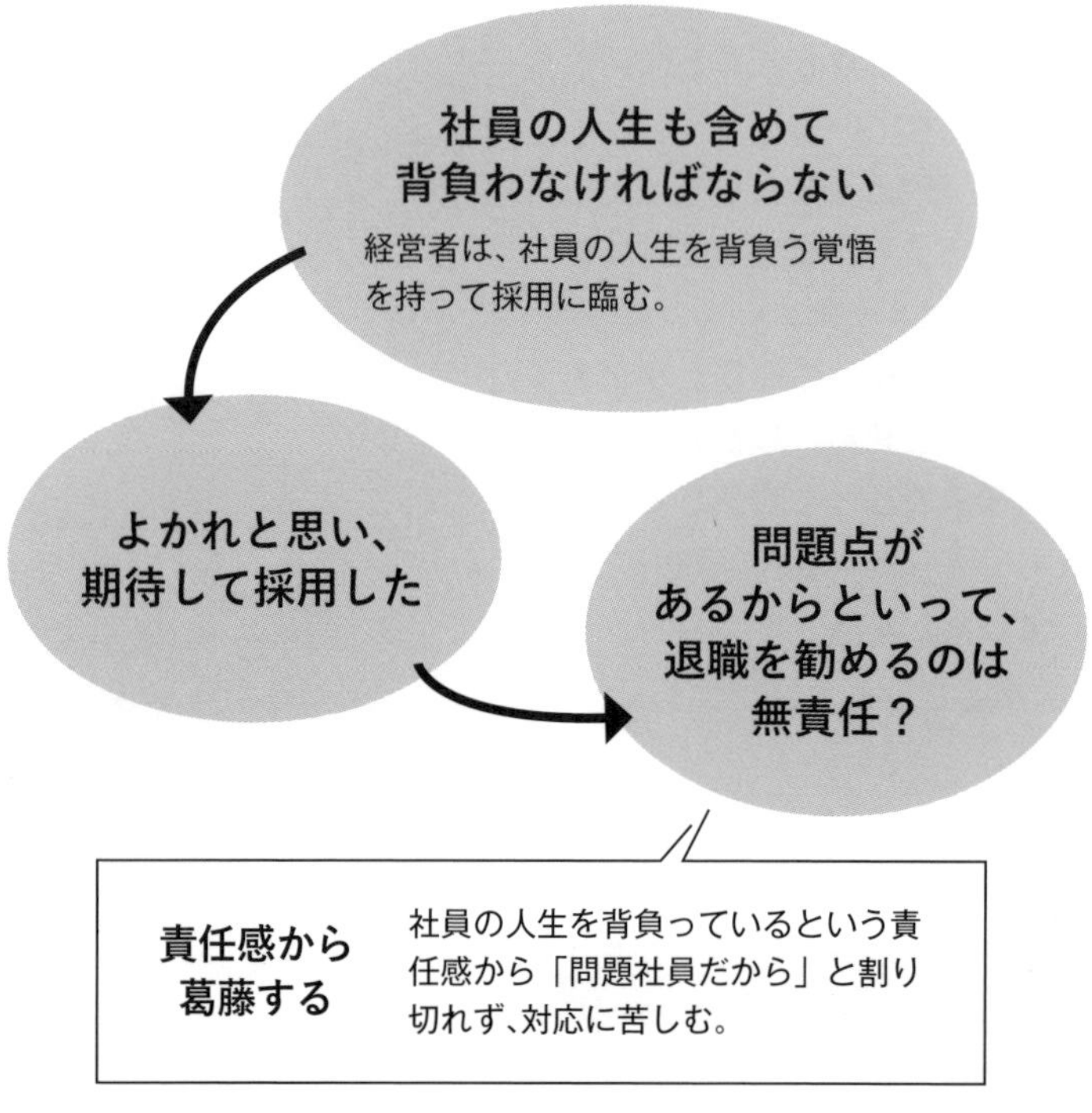

ある経営者の「心、えぐられる」という言葉が印象的でした。問題社員への対応は、対応する側にとって大きな心理的負担となります。

特に経営者がストレスを抱えるのは、問題社員であっても期待して採用した、という事実があるからです。「共に会社を盛り立てていこう」という期待があったがゆえに、失望も大きくなってしまいます。葛藤しながら中途半端な対応をしていると心理的負担は増えるばかりです。

2章

即クビ！　は通用しない
労働事件はどんな争い？

中小企業の経営者のホンネ

「退けません。絶対に」

対立が避けられないときに

「組織の長として退くわけにはいかないのです。絶対に」

裁判所の控室で経営者が発した一言。経営者としての覚悟を感じさせました。今でも強く印象に残っています。

1章でお話ししたように、問題社員の行為は会社にとってマイナスです。何とか改善させようと指導しても、なかなか実を結びません。そうしているうちに、「会社」対「問題社員」という対立が生じます。

対立があるということは、社員から会社への要求があるということです。ときに問題社員は、この**要求を通すために、裁判といった紛争解決のシステムを活用**します。

社員からの要求は理路整然ではなく、「生身の不満」から始まります。**要求は、**

金銭だけではありません。「解雇は不当。職場に戻せ」という立場を求めることもあります。その要求を法律の根拠に基づいて整理したものが「請求」と呼ばれます。紛争解決のシステムでは、この請求の正当性について判断することになります。

▼争い方は裁判だけじゃない

活用される解決システムは複数ありますが、イメージをつかんでいただくために、2章では**代表的な裁判所、労働基準監督署及び労働組合に関して説明します。**なお、こういったシステムは、基本的に社員側が選択することになります（会社がインセンティブをとって選択できる場合もあります⇒詳しくはP82）。

社員からの請求と紛争解決システムによる争われ方を知ることで、対立したときに直面する会社の姿もみえてきます。

2章のKeypoint

- 労使間の対立が深くなり、回避できないときに使われるシステムを知りましょう
- 問題社員から請求されるものや、争われ方をおさえると労働事件への理解が深まります

労働事件で
問題社員が
請求するもの

「職場に戻せ。話はそれからだ」と解雇無効を訴える

経営者の解雇の決断は、たいてい無効なものと判断されてしまいます。仮に解雇をするのであれば、弁護士に見解を聞きましょう。基本的に「解雇は危険ですからやめましょう。しばらく様子をみるか、軽い懲戒処分で終わらせるべきです」とアドバイスされるはずです。

●請求による復職へ

解雇された社員が争う場合には、請求として「地位の確認」を求めてくることになります。これにより解雇が無効となると、復職することができます。経営者もほかの

問題社員=解雇 OKとはならない

1ヵ月の賃金を支払えば解雇できるというものではありません。労働法は、社員が生活の糧を失うことになる解雇を著しく制限しています。

会社が社員の意思に関係なく、一方的に労働契約を終了させる

↓

解雇
⇒詳しくは P59

実情は

問題社員であっても解雇はできない	労働法による極端な解雇制限は、問題社員にも適用されている。「問題社員だから解雇する」ということはできない。
定年まで雇用し続けることになる	解雇できないため、問題社員でも定年まで雇用し続けなければならないという弊害がうまれている。経営者にとって相当の経済的・心理的な負担となっている。

「まだ労働者であること」の確認が請求される

会社が解雇すると、社員は「労働者の地位」を失います。
これを回復するために解雇された社員がおこなうのが「地位の確認の請求」です。

解雇します
＝
労働契約は終了

解雇したことで労働契約を終了させたことになる。社員は「労働者の地位」を失う。

解雇は無効です

職場に戻せ！

賃金を支払え！

地位の確認
＝
労働契約は終了していない

労働者の地位を失うと、賃金を会社に求めることができなくなる。賃金を請求できるように、まだ労働者の地位であることを確認する請求をする。

そもそもの解雇が無効であるから労働契約は終了しておらず、労働者の地位が維持されているという主張をする。

解雇無効になると…
職場に復帰することに

経営者にとって受け入れがたいことだが、「解雇無効とされる＝労働者としての地位が確認される」と復職することになる。従前の賃金が請求される。

社員も、一度対立した相手との関係を修復するのは簡単なことではありません。そこに解雇事案の本質的な難しさがあります。

労働事件で
問題社員が
請求するもの

「それ仕事？」な時間も含めた過去3年分の未払い賃金を請求

問題社員が請求するものに、未払い賃金があります。このとき、「これは勤務時間なのか」で争いになる場合があります。こういったケースでは、会社が十分な立証ができないために、「働いていない社員」に賃金を支払えという判断がなされることがあります。

真実と裁判所が認定する事実は、必ずしも一致するわけではないからです。裁判所は当事者の用意した証拠によって、事実の判断をします。主張を裏付ける証拠がなければ、事実にはできないのです。

賃金について知っておくべき3つのこと

社員は、労働契約に基づき賃金を請求することができます。
賃金の争いについて知る前に、
前提として3つのことをおさえましょう。

1 労働の対価として支払われるすべてのもの

賃金とは、労働の対価として支払われるものすべてを含む。典型的なものとしては、毎月の給与が挙げられる。

2 独自ルールは通用しない

会社は労働時間に応じて賃金を支払う。「30分以内の時間外は切り捨て」といった独自の見解は、法律の前ではまったく意味をなさない。

3 社員が残業代を求める＝「問題だ」ではない

社員が残業代を求めることをもって問題行為と評価するべきではない。むしろ会社の仕組みを是正する機会と捉えるべき。

それは仕事なのか、仕事じゃないのかが争点に

未払い賃金は、通常は時効との関係で過去３年分の範囲で請求されます。「これは勤務時間にあたるのか」という争いになるケースがあります。

問題社員側

タイムカードをみると午後７時まで残業しています

社員はタイムカードなどで、毎日の労働時間を確認して不足額を算出のうえ請求する。２月１日の未払額、２月２日の未払額など毎日の未払額を計算して合算する。

会社側

いやいや。午後６時以降は雑談してただけだよね

タイムカードは午後７時だが、「実際には午後６時以降はほかの社員と雑談していた」といったケースがある。

でも…

「仕事をしていなかった」という立証ができない

「実態として労働ではない」ということを積極的に反論する必要がある。しかし、会社は各社員の勤務実態を細かく把握していない。「働いていない」という説明をするのが難しく、十分に立証できない。

結果

実際に働いていない社員に賃金を支払うことに

十分な立証ができないと「働いていない社員」に「賃金を支払うべき」と判断されることがある。

労働事件で
問題社員が
請求するもの

精神的に傷ついた。この苦痛への慰謝料が必要

問題社員が会社に慰謝料請求する場合があります。慰謝料は、ある行為によって受けた精神的苦痛に対する賠償金のことです。

● 不適切な指導だと主張する

問題社員が自らを被害者として請求するケースで多いのは、問題行為に対する指導を不適切なものだと主張することです。

ある経営者は、「自分の意に沿わなければすべて慰謝料請求できるのですか。これだと何もできない」とため息交じりに話していました。「請求できる」と「請求内

問題社員と被害者の両方から請求されることも

問題社員が会社に慰謝料請求するだけでなく、問題社員の行為で被害にあった社員が会社に慰謝料請求をする場合もあります。

問題社員からの請求
問題社員が自らを被害者として慰謝料請求する。ケースとして多いのは、「問題行為に対する指導が不適切な指導に該当する」と主張するもの。

↓

会社に請求される慰謝料

↑

問題行為の被害者からの請求
パワハラ及びセクハラの案件では、加害者を雇用した者の責任として会社も損害賠償責任を負担する場合がある。

問題行為の自覚がないひとほど、高額な請求をしてくる

精神的苦痛は主観的なものです。ひとによって受けとめ方が異なります。問題行為の自覚がないひとほど根拠もなく著しく高額な請求をしてきます。

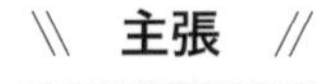

主張の証拠として、経営者とのやりとりを秘密裏に録音していたものなどが利用される。

妥当性があるかを争う

根拠や相場が議論の的になる。裁判所は過去の類似案件と個別事情を考慮して、妥当な慰謝料額を算定する。慰謝料について合意する場合、会社は金額の妥当性について事前に弁護士に意見を求めるべき。

容が正当なものと認められる」は違います。請求したからといって、必ず認められるわけではありません。裁判で否定、あるいは減額されることもあります。

そうは言ってもやはり「問題社員と目される相手から請求を受ける」というのは経営者にとって耐えがたいことです。

労働事件を
解決する
システムは?

社員と争いになったとき 3つの解決システムがある

会社と問題社員間の協議が不成立となれば、社員は紛争解決システムを利用して問題の解決に取り組んできます。代表的なものが「裁判所」「労働基準監督署」「労働組合」です。イメージされやすいのは、裁判所でしょう。

裁判所では当事者の主張が平行線であれば、最終的に結論をだすことになります。

労働トラブルに関して裁判所が介入する場合には、「調停」「労働審判」及び「訴訟」のいずれかの手続きが利用されます。

労働事件に対応する3つの機関

問題社員が会社に対して外部から働きかけようとする場合、介入する機関は主に3つあります。

裁判所⇒P45

司法制度を担う組織。協議をしても歩み寄りを得ることができない場合、最終的に裁判所が結論をだすことになる。

労働基準監督署⇒P50

社員が職場環境の改善を求めて労基署に申告すると、会社に立ち入り調査する。会社は是正勧告を受けることがある。

労働組合⇒P52

社員が労働組合に加入して、団体交渉を通じて問題の解決を求めてくることもある。労働組合は、会社になくても加入可能。

裁判所＝訴訟だ！　ではない

裁判所に訴えるからといって、必ず訴訟になるわけではありません。
訴訟以外で裁判所が介入するシステムがあります。

●調停

当事者同士で解決を目指す

当事者同士の協議のための制度。裁判所が積極的に介入するというよりも、後見的な立場から協議に参加して当事者間での円満な解決を目指していく。

合意しなければ解決しない

当事者が合意しなければ解決されないという限界がある。意見が合わないからといって最終的な結論を裁判所がだすわけではない。

解決しなければ、訴訟などをすることに

裁判所の判断を求める場合には、労働審判や訴訟を利用する。

●労働審判 ⇒詳しくは P46

特徴

裁判所が介入して合意を目指す

訴訟と調停の中間のようなもの。積極的に裁判所が介入して労使双方の合意による解決を目指していく。

時間がかからない

迅速な手続きを予定しており、労働事件を早期に解決することができる。

会社側からすると、時間が足りない

期日までに主張の整理や資料の準備が必要。対応できる時間が限られている。

●訴訟 ⇒詳しくは P48

特徴

裁判所が判断を下す

緻密な事実認定に基づき、裁判所が争点についての判断をする。

時間がかかる

当事者双方の主張や立証にじっくり耳を傾けるので、解決までに相当の時間を要する。解決までに１年以上を要することは珍しくない。

裁判中は元社員への賃金の支払いがあることも

裁判所の判断がでるまで会社が元社員に対して暫定的に毎月の賃金の支払い（仮処分）を求められることがある。

労働審判の実際

労働審判は短期決戦。だいたい3ヵ月以内に終わる

社員との労働事件解決に利用されることが多いのは「労働審判」です。「裁判所から訴状が届いた」とクライアントから連絡を受けて書面を確認したら、訴訟ではなく労働審判だったというケースはよくあります。

労働審判では審理を経て、裁判所から具体的な解決案が提示されます。大半は、双方が解決案を受け入れて合意により終了します。

なお、労働審判の申し立てがあっても一方が「応じない」とすると、訴訟へと移行します。

そもそも訴訟とどう違う?

労働審判は労使間の紛争を早期かつ柔軟に解決することを目的としています。訴訟と比較すると、特徴がわかりやすいです。

	形式	当事者以外に関与するひと	期間
労働審判	**非公開** 非公開のため、関係者がざっくばらんに意見を述べることができる。	**裁判官＋労働審判員** 裁判官のほか、労働審判員が加わる。中立性を保つため、労働者側の立場から1名、会社側の立場から1名選任される。	**3ヵ月以内** 申し立てられた事案のうち約7割は、3ヵ月以内に終了する。
訴訟	**公開** 原則として公開される。	**裁判官だけ** 基本的に、裁判官だけが手続きに関与する。	**毎月1回～** 双方の主張が尽くされるまで、基本的に毎月1回のペースで進む。

労働審判を申し立てられた場合、多くは金銭的解決となる

労働審判は労使間における個別紛争の解決を対象にした手続きです。代表的なものとしては、解雇、慰謝料請求・残業代請求などがあります。

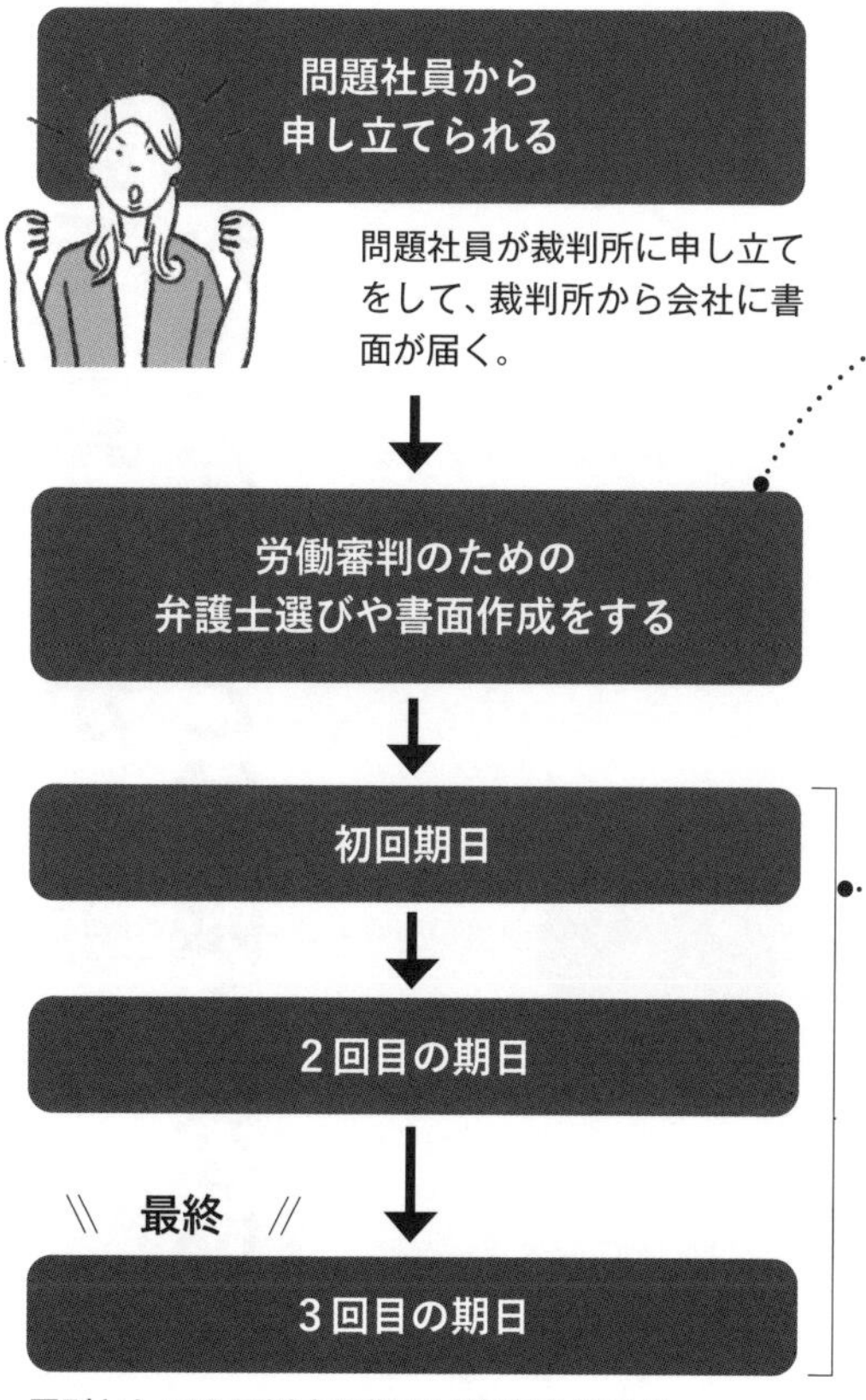

原則として3回以内の期日で審理を終える。

初回期日は申し立てから40日以内。それまでに準備する必要がある

初回期日は申し立てから原則40日以内に設定される。対応できる弁護士を探すことを始め、必要な資料を用意する。「40日間もあれば用意できるだろう」と思っても、あっという間。

裁判所が解決案をだす

たいていは会社が解決金を支払う金銭的解決となる。そのため、実際の交渉は会社が負担する金額が中心となる。不当解雇として復職を求める申し立てであっても、会社が金銭を支払って合意による退職として解決することも多い。

↓

拒否した場合

裁判所が審判という形式で結論をだす。これに対して当事者が不服をだせば、訴訟に移行する。

最初に裁判所に提出する書面の充実度で裁判官の心証も大きく変わってきます。私は初回期日で会社の主張を尽くして解決案の提示まで持ち込むことが多いです

訴訟の実際

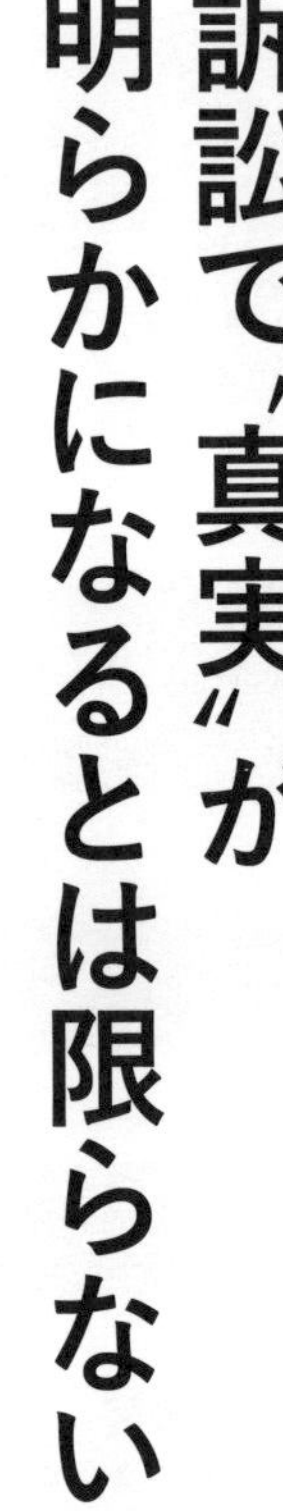

訴訟で〝真実〟が明らかになるとは限らない

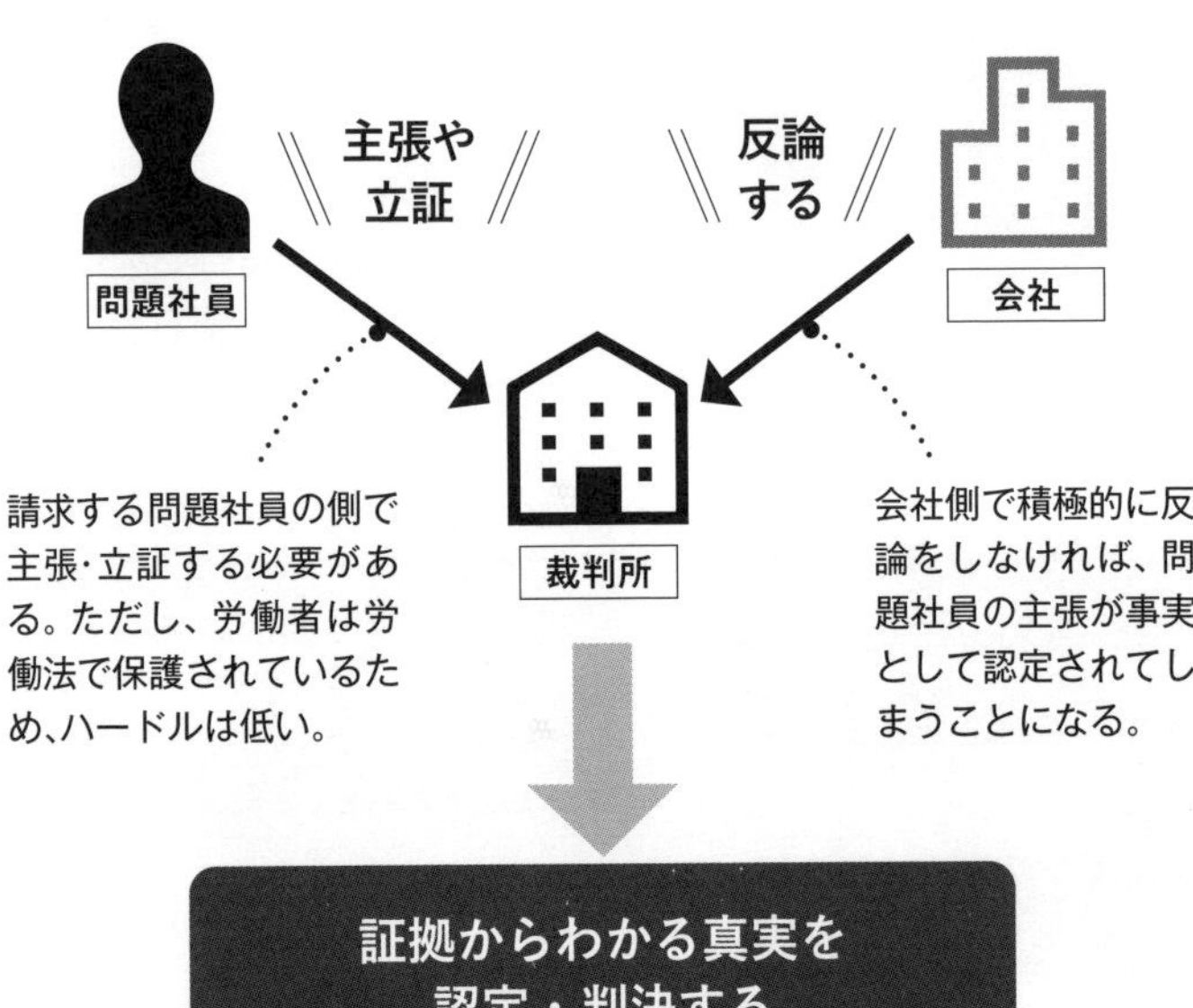

証拠からみえる真実がすべて
訴訟は当事者が提出した主張と証拠をもとに、裁判所が「判決」という形式で紛争を強制的に終わらせるものです。
主張や立証
反論する
問題社員
会社
裁判所
請求する問題社員の側で主張・立証する必要がある。ただし、労働者は労働法で保護されているため、ハードルは低い。
会社側で積極的に反論をしなければ、問題社員の主張が事実として認定されてしまうことになる。
証拠からわかる真実を認定・判決する

当事者の提出した主張及び証拠のみが判断材料。判決で認定された事実が客観的な事実と相違することも当然ある。

訴訟では、裁判所は提出された証拠から「判決」という形式で判断を示します。認定された事実が客観的な事実と異なることも当然あります。

とは言え、裁判所はできるだけ「判決」ではなく「和解」で終了させたいと考えます。そのため、弁護士は会社に有利な条件を引きだすことを思案します。これは相手方あるいは裁判所との心理戦です。非が会社にある事案では、あえて会社から早期に裁判所に和解案を求めることもあります。

会社のニーズを取り入れた和解案で解決するのが理想

会社を守るという観点からは、できるだけ和解に応じ、会社にとって有利な条件も織り交ぜた解決を模索すべきです。

1回15分くらい
書面の確認と次回期日の調整
訴訟は基本的に書面のやりとりだけで実施される。期日は提出された書面の確認と次回期日の調整だけでたいてい終わる。
主張や立証がでそろう
ドラマで目にするような弁護士同士の侃々諤々のやりとりは通常ありません。また、最近では訴訟がウェブで開催されることもあります
裁判所が和解案を提示する
通常は争点に関して主張と立証が尽くされたと判断した段階で、和解案を双方に提示する。

和解案を受け入れる

双方が裁判所の和解案を受け入れれば、手続きは終了。

会社に有利な条件を入れられる可能性がある

応じる条件を提案することができる。例えば金銭を受けとったことについて口外しないことの取り決めなど。解決金を支払って退職してもらうこともある。

和解案を拒否する

一般的には関係者の尋問を経てから判決ということになる。

負けた場合、何も得られない

例えば、○円を支払えという金額だけが示される。ほかの社員に知られたくないといった会社側のニーズはまったく反映されない。

労基署の実際

労働基準監督署を介するのは社員からすれば低コストの解決法

問題社員に注意すると「労基署に相談します」と反論されることがあります。経営者は、「面倒なことにしたくない」とトーンを落とします。問題社員は、経営者を牽制する意図もあって労基署をうまく利用するのかもしれません。

経営者は労基署を始め行政対応が苦手です。結果、会社の言い分を十分に伝えられず、「是正勧告」を受けることになります。会社の見解を適切に示すためには、弁護士あるいは社会保険労務士に労基署対応を依頼するべきです。

労働基準監督署の役割

労基署（労働基準監督署）の役割について確認しておきましょう。

労基署

＼＼ 役割 ／／

労働者の安全を確保する

↓

事業所に立ち入り、運営に関する監督・指導をする

労働安全衛生法や最低賃金法等に適合する運営に関して監督･指導をする権限がある。

↓

「悪質だ！」と判断

↓

強制捜査をして送検

悪質な事案については捜索･差押え、逮捕などの強制捜査を実施し、検察庁に送検することができる。

会社との交渉を有利にするために、利用するケースもある

労基署への申告は、特段のコストがかからず、証拠を用意する必要もありません。社員からすれば、低コストで効果のある制度です。

労働者は、労基署に職場環境の改善を求めて申告することができる。問題社員は会社との交渉を有利にするべく、都合よく事実を切り貼りして申告する。

労基署に
相談

立ち入り
調査

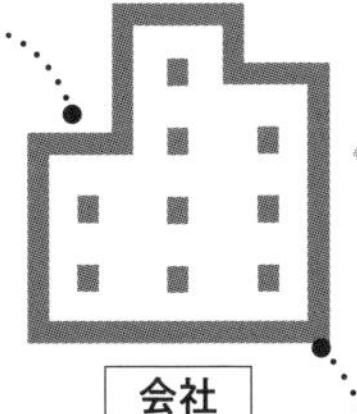

裁判は当該社員のみの問題で終わる。しかし労基署は、ほかの社員も含めた会社全体の調査をおこなう。

ダメージ

是正勧告を受ける

問題点があれば、文書で指導（是正勧告）され、会社は是正した内容を報告する義務がある。是正が不十分な場合には、さらなる調査が実施される。会社にとっては、報告書の作成など相当の負担になる。

ほかの社員への対応が必要になることも

例えばある社員から残業代の未払いについて申告された場合、結果として全社員の未払いの是正を求められ、甚大な経済的負担を強いられることがある。「支払うべきものを支払っただけ」ということではあるが、資金繰りなどにも影響しかねない。

労働組合の実際

労働組合が会社になくても、申し入れがされる

社員は、労働組合に加入して団体交渉を通じて問題の解決を求めてくることもあります。「個人」の問題を「集団」を通じて解決していくことになります。

もっとも会社には、団体交渉に応じる義務はあっても、組合の要求を受け入れる義務はありません。団体交渉は、あくまで「交渉」です。会社と組合が譲歩しながら合意点を目指すということになります。受け入れられない要求に対しては、拒否したり、代替案をだしたりすることになります。

「自社に労働組合がないから大丈夫」ではない

経営者は、自社に労働組合がないにもかかわらず団体交渉の申し入れがあると驚きます。

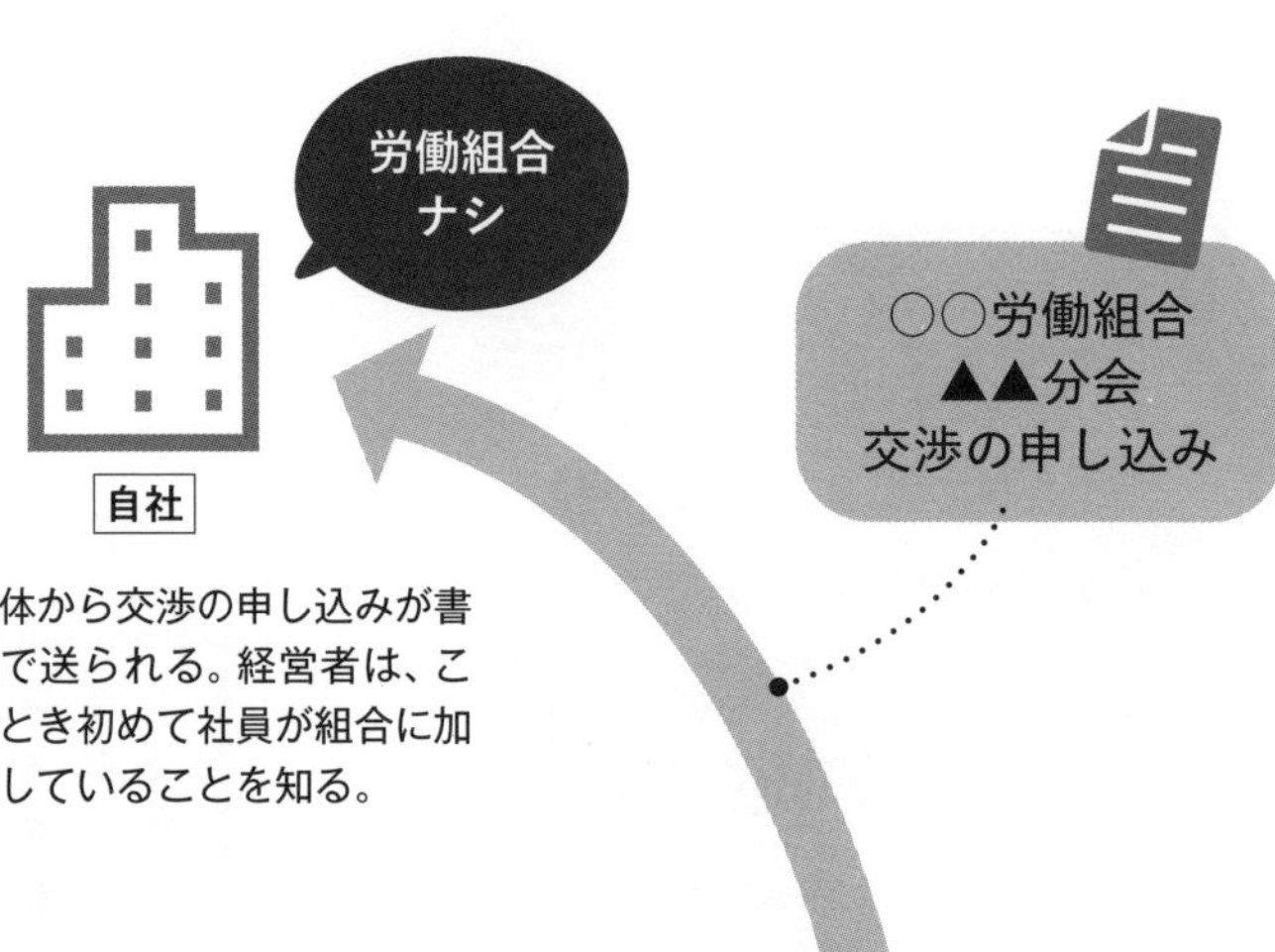

団体から交渉の申し込みが書面で送られる。経営者は、このとき初めて社員が組合に加入していることを知る。

合同労働組合（ユニオン）はひとりでも加入できる労働組合。中小企業における団体交渉は、たいていユニオンを通じておこなわれる。

会社は慣れない団体交渉をすることになる

会社が組合活動を不当に制限する行為は、不当労働行為として厳格に禁止されています。団体交渉には応じなければなりません。

団体交渉の申し出には、誠意を持って対応しなければならない

「組合活動など認めない。団体交渉にも応じない」と理由もなく団体交渉に応じないことは、不当労働行為に該当する。会社は、労働組合からの団体交渉の申し出に誠意を持って対応しなければならない「誠実交渉義務」がある。

団結することで交渉力を高める

社員ひとりでは交渉力が弱いため、団結して会社に対する交渉力を高める。また、労働組合は不当労働行為に対して、労働委員会に救済の申し立てをすることができる。会社の態度に問題があれば、労働委員会から救済命令（労働組合の活動を救済する）という行政処分がされる。

＼＼ でも ／／

会社は団体交渉に不慣れ

たいていの経営者は、団体交渉のノウハウを知らない。悩む前に早めに弁護士に相談して然るべき対応を確認するべき。

不当解雇のケースでは

不当解雇が議題になった団体交渉の場合、復職を拒否したうえで代替案として経済的解決を提案することもある。

交渉して合意点を見つける

団体交渉は、通常複数回にわたり実施される。会社と組合が相互に譲歩しながら具体的な合意点を目指すことになる。合意できれば「協定書」という合意内容をまとめた書面を作成して終了。

ほんとうの
解決に
導くには

勝ち負けを捨てることで、解決への道をひらく

対立を終わらせる近道

勝利と解決は、まったく意味の異なるものです。
勝負へのこだわりは、解決への道を見失わせることになります。

経営者の目指すもの

問題社員に勝利すること

たいていは双方になにがしかの問題があるもの。一方的に社員を批判すると、ほかの社員に「自分も同じように詰め寄られるかもしれない」と思われ信頼を失うことになる。

◎ **トラブルを解決すること**

ほんとうに経営者に求められていることは、社員とのトラブルを解決すること。勝負へのこだわりは、かえって経営者の立場を苦しくさせることになる。

可能な限り交渉による解決にこだわるべき

対立は喪失しかうまない。「感情をおさえ早く終わらせる」ということにフォーカスしよう。対立を手早く終わらせるためには、可能な限り交渉による解決にこだわる。

さて、ここまで解決システムについて述べてきましたが、そもそも労働事件では圧倒的に会社が不利です。白黒つけるために裁判をしてもたいてい会社が敗れます。

我々は、労働事件を社員に勝った、負けたと二項対立的な関係で捉えます。しかし経営者に求められるのは、社員とのトラブルを解決することです。「感情をおさえ早く終わらせる」ことを目指します。その方法のひとつが、会社から退職を提案することです。これを退職勧奨（かんしょう）と言います（⇒3章へ）。

3章

解決の「型」が握る
円満退職成功への道

中小企業の経営者のホンネ

「退職を提案してもいいのか…」

交渉を受け入れてもらうには

特に中小企業では人手不足もあり、「問題があるから」とすぐに辞めてもらうわけにはいきません。まずは指導からです。もっともいくら指導をしても改善に至らないのが問題社員。**「合わない職場」で勤務し続けることは、双方にとって適切ではありません**。むしろ感情的な軋轢を深めるだけになります。そこで退職を視野に入れた対応を検討することになります。

しかし経営者は、「退職してもらいたい」と思っていても具体的に動きだすとなると躊躇します。「退職を提案してもいいのだろうか」「どうやって退職を提案すればいいのだろうか」と悩みは尽きません。

▼交渉は事前準備で決まる

まずは会社から退職を提案することの意

味をおさえましょう。**いきなり会社から「辞めてください」と提案して「はい。わかりました」と簡単に同意してもらえることはありません。**退職すれば、社員は生活の糧を失うことになるわけです。退職勧奨はそれなりの決断を社員に強いることになります。

提案を受け入れてもらうには、交渉方法よりも提示する条件も含めた事前の準備によって決まる部分が大きいです。退職勧奨は、いわば一発勝負のようなもの。感情に流されて実施するとたいてい混乱してうまくいきません。

退職の提案は、「する側」も「される側」もストレスとなります。だからこそ慎重に準備してから臨むべきものです。

そこで本章では、前向きな解決としての退職を実現するまでの手順を整理します。

3章のKeypoint

- 交渉による解決策として「会社から退職を提案する」方法があります
- 退職勧奨に対する心構えや具体策をおさえ円満な解決を目指しましょう

解雇を
正しく
捉える

「退職した」と思ったら「不当解雇」で争うことがある

先に「解雇」についておさえましょう。解雇は、労働者の意思に反して賃金という生活の糧を奪うことになるがゆえに、実施できる場面が著しく制限されています。経営者は「解雇などできない」と腹をくくることが、現実的な心構えです。

「退職」と「解雇」の認識は、当事者によって相違がでてしまうことがあります。問題社員のなかには、自己に有利になるようにあえて会社に解雇を仕向けるようなひともいるので注意を要します。

認識の差がトラブルになる

当事者によって退職と解雇の認識に
相違がでてしまうことがあります。
退職提案のつもりだったのに、解雇と受けとられるのです。

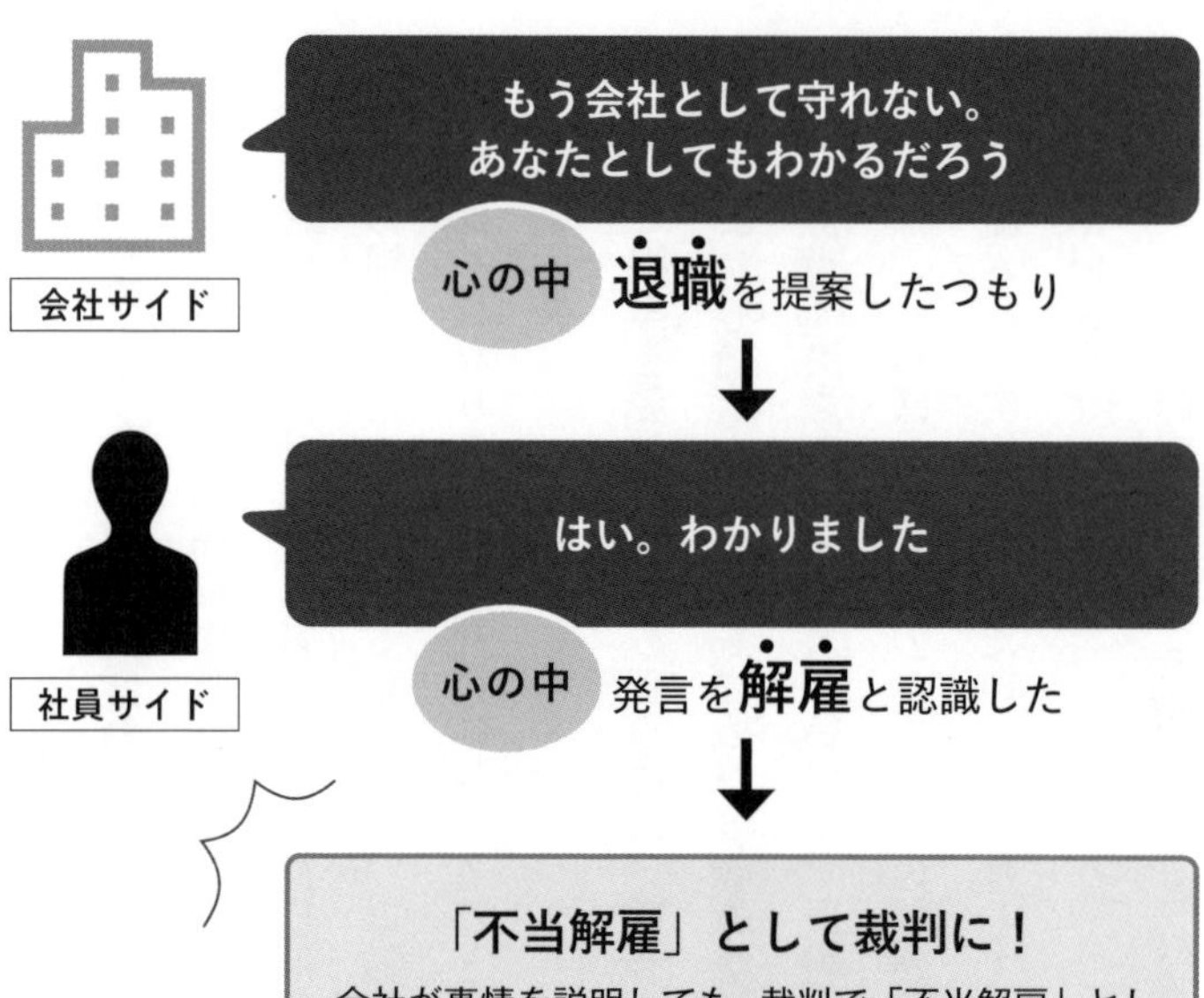

「不当解雇」として裁判に！

会社が事情を説明しても、裁判で「不当解雇」として扱われることに。高額な解決金を支払い、退職してもらうことで和解という結果となる。

解雇は２つに分けられる

社員の問題行為に憤る経営者は、「懲戒解雇だ」と息巻くものです。しかし、大半の問題社員の解雇は懲戒には該当しません。

解　雇

普通解雇

人事権に基づく解雇

人事権とは、採用、昇格、配置など組織における労働者の地位の変動や処遇に関して会社が有している決定権限。この人事権に基づく解雇が「普通解雇」。

問題社員の解雇はだいたい普通解雇に該当

協調性の欠如といった問題は、組織をつくるうえで支障になる。しかし、違法行為とまでは言えない。問題社員を解雇する場合には、一般的に人事権に基づく解雇をすることになる。

懲戒解雇

懲戒権に基づく解雇

社員の企業秩序違反行為に対しておこなわれるペナルティ。懲戒処分は戒告・譴責（けんせき）・減給など、就業規則に定められている。そのなかでもっとも重い処分。

明らかな違法行為が認められる場合に有効

横領など明らかな違法行為が認められるような場面に限られる。「就業規則に定めがあるから」と懲戒解雇をしても、不当解雇として事後的に争われることもある。

裁判では、どちらの解雇か聞かれることも

裁判所から質問されたときにたじろぐと「解雇内容も理解しないまま解雇したのですか」と心証が悪くなる。

いずれにせよ、解雇は会社のリスクになる

どちらの解雇でも、「不当解雇」として争われることがある。できれば退職勧奨で事案を解決することに注力しよう。

●解雇は「懲戒」だけじゃない

経営者は、解雇について究極的な懲戒処分とイメージしている傾向があります。これは正確性を欠く理解です。解雇には、人事権に基づく解雇（普通解雇）と懲戒権に基づく解雇（懲戒解雇）の２つがあります。

退職を
正しく
捉える

会社から提案する退職は「会社都合退職」となる

一般的なのは自己都合退職

自己都合退職は、社員が自ら退職を申し出るものです。
キャリアアップのため、介護のためといった、
社員の都合によります。

社員
退職します
会社の訴え
引継ぎをしないまま退職するのは認めない
誓約書を提出しないと、退職を認めない

退職の申し出から
２週間経過すれば、
退職となる

社員は、基本的にいつでも退職する自由がある。会社の承諾がなければ退職できないというものではない。

解雇の難しさを理解したうえで退職について説明をします。退職には、社員の都合で退職する「自己都合退職」と会社の都合で退職する「会社都合退職」があります。

問題社員の多くは会社ともめながらも退職しません。そこで会社から積極的に退職を促すこともあります。これが「退職勧奨」です。

会社が退職を提案し、社員が提案を受け入れれば退職ということになります。このような会社からの提案に基づく退職は、会社都合退職になります。

退職勧奨による会社都合退職

**会社の都合で退職するのが会社都合退職です。
退職勧奨は「会社からの提案による退職」であるため、
自己都合によるものにはなりません。**

退職を提案する

会社が退職を提案することは、それ自体が違法というものではない。

雇用を継続することになる

会社都合退職では、社員の退職に対する同意が不可欠。「辞めてもらいたい」と伝えても「嫌です」と言われたら、雇用を継続することになる。

短期間で何回も提案すると、違法とされることも

数時間にわたる説得あるいは短期間における複数回の提案などは違法行為とされることがある。「退職に応じなければ解雇する」という説得も問題視される。

会社都合退職になる

社員が提案を受け入れて退職する。会社都合退職は、自己都合退職と比較して失業保険の給付開始が早くなる。社員にとっては、会社都合退職のほうが有利と言える。

退職勧奨のための布石

面倒でも何度か指導をおこない、記録をつけておく

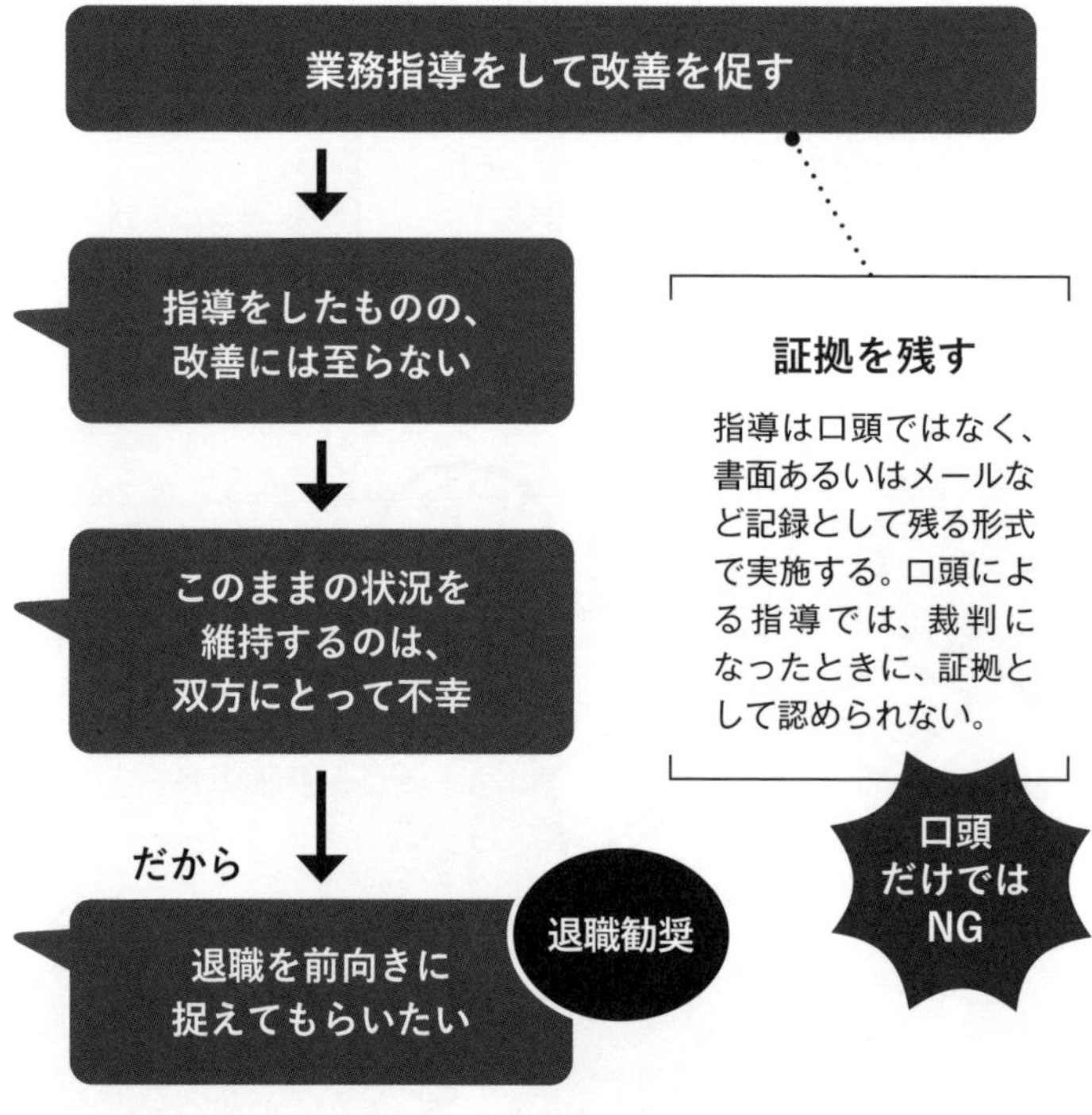

　ここからは退職勧奨までの手順について確認していきます。問題行為があったときは、まずは業務指導を実施して改善を促します。

　指導は、漫然と実施しても意味がありません。将来における退職勧奨を見据えたものであるべきです。書面あるいはメールなど記録として残る形式で実施します。

　もっとも書面による指導は、担当者にとっては正直面倒です。業務に忙殺されると口頭注意に戻ってしまいます。結果、裁判で不利になることがよくあります。

証拠になる指導書作成のポイント

作成した指導書は、問題行為が認められた直後に交付することが効果的です。
指導書作成には、いくつかのポイントがあります。

態度ではなく、行為を指摘する

例えば「協調性がない」と態度を指摘しても意味がない。協調性がないと評価した具体的行為を指摘する。

批判は入れない

事後的に裁判で証拠として提出しても「指導ではなく評価でしかない」と指摘される可能性がある。

令和６年○月○日

幻冬舎太郎　殿

株式会社Ａ

代表取締役　甲野太郎　㊞

業務指導書

本書面は、当社における貴殿の勤務態度について改善を求めるものです。

貴殿は、令和６年○月○日午後２時頃に勤務中であるにも関わらず無断で職場を離れていました。これについて事後的な報告も一切なされていません。

貴殿の説明によれば、私的事情により更衣室内にてスマートフォンを利用していたとのことです。当該行為は就業規則第 24 条に違反するものです。

貴殿については、同様の行為が複数回あり繰り返し指導しております。

今後、同様のことがないように本書面で改めて指導します。今後同様の行為があれば、より厳しい処分をせざるを得ませんので予めお伝えします。

＝＝＝＝＝＝＝＝＝＝＝＝＝＝＝＝＝＝＝＝＝＝＝＝＝＝＝＝＝＝＝＝＝

上記指導内容について確認しました。

株式会社Ａ　代表取締役　甲野太郎　殿

令和６年　　月　　日

氏　名

署名をもらっておく

「指導を受けていない」と将来反論されないために、指導内容を確認したことについて署名をもらっておくのも有効な方法のひとつ。

可能な限り根拠に触れる

できるだけ「○○という行為は、就業規則第○条○項○号に違反します」といった根拠に触れた指摘をする。行為が職場のルールに反するものであることを明確にするのが目的。

FOCUS!

指導を受けたときの問題社員の反応は?

指導を受けた問題社員の対応は、二極化しています。
強く反発してくるケースと淡々と話を終わらせるケースです。

「納得できない」と強く反発する

「言いがかりだ」と積極的に反発をするひともいれば、不機嫌な態度で消極的に反発を示すひともいる。

↓

対応

指導書を渡して議論を終わらせる

「わかりました」と淡々と終わらせる

「わかりました。気をつけます」と淡々と指導を受け入れるだけ。いわば暖簾に腕押しのようなもの。

↓

対応

改善策を自分でだすように指示する

●反発か、無関心かのどちらか

問題社員は指導を受けると、感情的な反発を示すことがあります。こういう場合には議論をしても意味がありません。指導書を渡して、対応を終わらせましょう。

逆に指導をしても無関心というケースもあります。こういった社員に対しては、具体的な改善策を会社に報告するように指示します。

例えば不機嫌になりやすく周囲とのコミュニケーションに問題がある社員がいるとします。このときに「Aさんに経理情報が届いておらず事業に支障がでました。この問題を防止するための改善策を提案してください」といった指示をします。本人から改善策をださせることで、自分の問題であると理解してもらうことがポイントになります。

問題社員を指導する管理職に伝えるべきことは？

問題社員への指導に関しては、担当者にも配慮する必要があります。管理職は問題社員と経営者の板挟みとなる厳しい立場にいます。

経営者 ×

「問題社員をどうにかしろ」
「面倒なことにならないよう気をつけるように」

○ **「指導をおそれるな。責任はとる」**

経営者から突き放すようなことを言われれば、「いっそ見て見ぬふりをしよう」と考えるのは当然の成り行き。経営者が責任者であることを表明し、共に解決する姿勢をみせよう。

書面による指導はパワハラ抑制にもなる

指導する側も表現に気をつけるようになる。「指導を受ける側の態度に問題があって、感情的な発言をしてしまう」というケースを防げる。

●「部下におびえる管理職」にしない

管理職は、ときに「部下からパワハラと批判されるのではないか」とおびえながら指導することを余儀なくされる厳しい立場となりました。このような状況下で、苦しい胸の内を理解してくれるひとのいない孤独は、離職へとつながっていきます。

「パワハラが違法な行為」というのは、もはや社会の常識です。ただ「指導とパワハラの分岐点」を質問されると、言葉に詰まってしまうでしょう。指導とパワハラの違いというのは相対的なもので、クリアに区別できないときも現実にあります。

あまりにも「ハラスメント」という言葉が拡張されたことで、指導する側に萎縮効果が生じています。経営者は、管理職を支えているということを明確に示すべきです。

退職勧奨のマインドセット

いつ提案したらいいのか。交渉前に考えるべきこと

提案するタイミングに正解はない

セミナーで「どの段階で退職を提案するべきか」という質問を受けることがあります。正解はありません。

もう退職してもらうしかないが…

どの段階で退職を提案するべき？

退職を提案してもめることは避けたい

タテマエ論があるので「正しい時期」はありません

タテマエ論としては「退職勧奨せずにできるだけ指導で改善を試みましょう」ということになる。だから退職勧奨に「正しい時期」はない。

改善がみられず、やむを得ず退職を求めるのであれば、経営者として覚悟のできた瞬間が妥当な時期ということになります。退職勧奨は、それ自体が直ちに違法というものではありません。ですから「この時期にすることはまずい」というものでもないのです。

私は、「5回以上の指導をした場合には検討するべき」とアドバイスしています。5回という数字に特段の意味があるわけではありません。覚悟を決める目安として提示しています。

交渉前に決めておくこと

**退職勧奨の交渉をする前に、下記の３つを検討してください。
まずは先に会社の方針を固めます。**

失敗したときにどう動くのか

結末を想定せずに実行すると、提案を繰り返すだけになる。これは違法な退職勧奨と批判される可能性がある。事前に失敗したときに「雇用を継続する」のか「解雇を実施する」のか決めておく。

or 解雇する

交渉のときに手放すもの

交渉するときに、手放すものを予め明確にしておく。こちらが手放すことで、相手も無意識に何かを手放すようになる。そうして双方の譲歩が実現すれば、合意点も見いだしやすくなる。

⇒詳しくは P68

社員に支払う退職金

社員は退職勧奨に応じなければ労働者としての地位を維持できる。あえて退職に応じるとなれば、それなりのインセンティブを要する。そのため、社員に支払う退職金が交渉の要となる。

⇒詳しくは P70

交渉においては、適宜の戦術よりも事前の戦略こそ重要になります

●方針をはっきりさせる

経営者は、退職を提案する際に「退職の条件」や「相手の気持ちを逆なでしない方法」ばかり思案してしまいがちです。これでは検討として不十分です。会社としての方針を決めていないまま社員との協議を始めると、たいてい相手のペースに巻き込まれることになってしまいます。

退職勧奨は、最終的には社員の同意を要します。同意を得ることができなければ退職は成立しません。退職勧奨に社員が応じなかった「その後」についても考えておくべきです。また、交渉時に譲歩することや退職金についても、検討してから臨む必要があります。

退職勧奨のマインドセット

「負けない交渉」をするためには手放すものを決める

交渉前には「手放すもの」を明確にしておくことが重要です。ひとには、「返報性」という心理が働きます。受けた恩は返したくなるというものです。例えば、募金する前に何かをもらうと、寄付率が高くなります。「ただでもらう」ということに居心地の悪さを覚えるからです。

これは交渉においても影響します。こちらが手放すことで相手も無意識に何かを手放すようになります。双方の譲歩が実現すれば、合意点も見いだしやすくなります。

「勝ち」より「負けない」を目指そう

社員との交渉を有利に展開させる方法は、
負けない交渉を目指すことです。

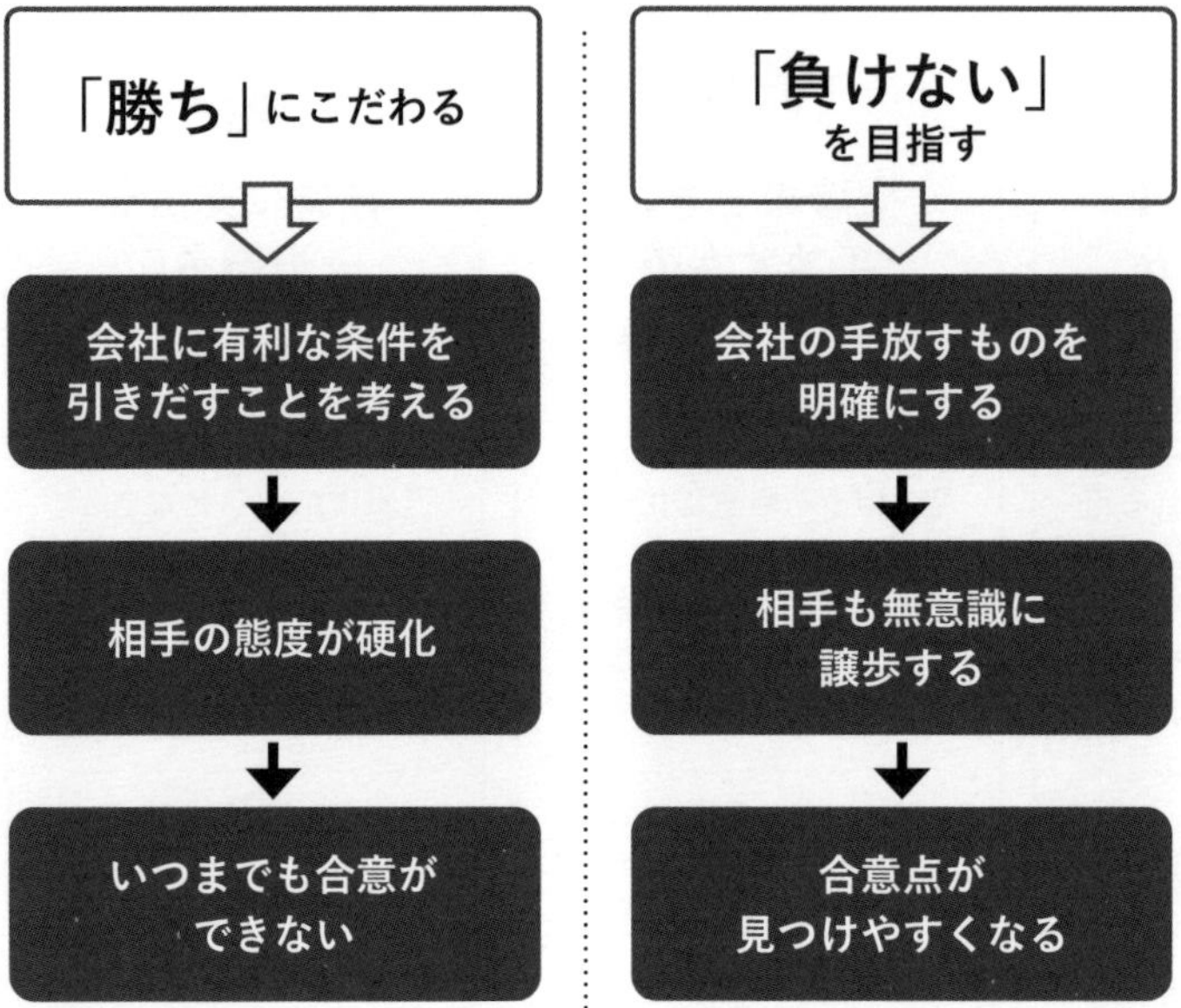

「勝ち」にこだわる	「負けない」を目指す
↓	↓
会社に有利な条件を引きだすことを考える	会社の手放すものを明確にする
↓	↓
相手の態度が硬化	相手も無意識に譲歩する
↓	↓
いつまでも合意ができない	合意点が見つけやすくなる
交渉に失敗するひとは、いわば「勝ちにいく」という姿勢で交渉に臨んでしまう。	交渉に成功するひとは、交渉時に手放すものを決め、最悪の事態を回避することを目指す。

手放すものを明確にするには

交渉前に手放せるものを明確にしておきましょう。
そして、交渉時にはそれらを少しずつ手放しながら、合意への道を探ります。

高

時間

ほかの社員への影響

お金

経営者としてのプライド

今後の付き合いの可能性

相手に反省してほしいという気持ち

低

Step1

守りたいものを書く

経営者として守りたいものをひたすら付箋に書く。プライド、金銭、時間など何でもかまわない。

Step2

重要度の低いものから並べる

重要度の高いものから並べると、すべてが大事に思えて順位を決定することができない。発想を逆転させて手放しやすいものから並べる。

Step3

合意できるまで一つひとつ手放す

交渉が進まないときに、重要度の低いものから手放していく。

経営者にとっては難しい判断となる。しかし、判断しなければ、いつまでも解決には至らない。

退職勧奨の
マインド
セット

問題社員に提示する退職金を決めておく

「退職金」と聞くと…

**退職勧奨で非常に重要となるのが「退職金」についてです。
誤解がよくあるので、注意しましょう。**

問題社員なのに
退職金なんて必要？

A：必要です

退職に応える インセンティブとして必要。「問題社員になぜ退職金が必要なのか」と感じたままでは、退職勧奨はうまくいかない。

いくらら支払ったら
いいの？

A：基準はありません

「○円を支払えば退職が認められる」というものではない。

□円なんて
高いのでは？

A：数字だけみても意味はありません

退職金の数字だけを見て「高い」「低い」と評価すると、結果として大損することがある。

退職勧奨の提案の中核になるのが退職金です。基本的にはまず会社から金額を提案します。

社員としては、退職勧奨に応じなければ社員のままでいられるので、あえて退職に応じるとなれば、それなりのインセンティブを要します。それが退職金になります。

社員は生活の糧である給与を失うわけですから、退職金は当面の生活費という意味合いもあります。

●相手に希望を言われたら

「退職する、しない」は、もっぱら社員の裁量です。退職金の金額

退職金を考えるポイント

**問題社員の退職金を考えるときは、以下の3つの点に留意しましょう。
交渉を成功させるためには、必要不可欠です。**

☑ 退職金以外の費用も含めて比較する

経営者は、本来の退職金と比較して「高い」と結論づけてしまいがち。比較するべきは、本来の退職金ではなく定年まで雇用し続けることによる賃金なども含めた費用。比較するものについて十分に検討しよう。

例
- 定年まで雇用し続けたときの賃金
- 社会保険料
- 裁判になった場合の弁護士費用

☑「1円でも安く」という発想はしない

「会社の負担をできるだけ軽くして退職してもらいたい」という本音は、すぐに相手に見透かされるもの。「1円でも安く」という気持ちが相手に伝わると二度と退職に応じてもらえない。

☑ 結局は同意した金額が「妥当」となる

1年分の賃金以下であれば、悩まず支払って話を終わらせるべき。解雇して裁判となれば、和解のために同額を支払うこともあり、弁護士費用など付随する費用もかかる。

で折り合いがつくのであれば、できるだけ要望に応じて円満に終結させるべきです。「裁判における弁護士費用は安くないです。弁護士に支払うくらいなら、社員に支払って早く終わったほうがよくないですか」と経営者に話したところ、納得して円満に解決したケースもあります。

実際には、本来の退職金に3～6ヵ月の賃金相当額を加算して話をまとめることが多い印象を受けます

退職勧奨の下準備

退職勧奨も書面を用意してリスクを減らす

さて、次に退職勧奨の書面を用意しましょう。退職勧奨は指導よりも緊張する場面です。口頭だけで説明をしていると、相手に誤解を与えることもあります。そこで内容を正確に伝えるため、要点をまとめた書面を作成します。

会社から「退職してもらいたい」と告知されたら、解雇されたものと誤解するひともいます。誤解を避けるために、解雇ではなく退職勧奨であること、最終的な判断は社員にゆだねられていることなどを書面で示します。

正確に伝えるための書面をつくる

指導の場合と同様に、退職勧奨の面談においても
事前に書面を用意しておきます。

解雇と誤解されないようにする

口頭だけで説明をしていると相手に誤解を与えることがある。面談では、書面を提示しつつ口頭で補足していく。

事実のゆがみを防ぐ

退職勧奨を受けた社員は、弁護士に相談することがある。その際、記憶は自分に都合のいいように改変されるため、ゆがめられた事実が弁護士に伝わる。すると、交渉がかみ合わなくなる。書面に明記していれば、このようなケースを防ぐことができ、交渉もスムーズになる。

退職勧奨とはっきり記載する

「退職してもらいたい」と言われて、解雇されたと誤解してしまうケースを避けるために明記する。

相手に配慮した文言に

問題行為について言及するだけでなく、会社側の不手際を認めつつ、退職勧奨が本人のためでもあることを伝える。

令和６年○月○日

幻冬舎太郎　殿

株式会社Ａ

代表取締役　甲野太郎　㊞

退職勧奨に関する通知書

本書面は、貴殿に対する退職勧奨についてお伝えするものです。

貴殿は、従前から弊社の方針について意見の相違があるとのことでした。弊社は、可能な範囲で貴殿の要望に基づいた職場環境を整備してきた所存です。もっとも貴殿においては、現状においても弊社の対応に御不満があるとのことです。

弊社では、貴殿の能力を十分発揮していただけるだけの環境を用意することができません。このまま勤務していただくことは、貴殿にとって成長の機会を失い御負担になるものと思料します。

そこで弊社は、本書面にて令和６年○月○日付の退職を提案させていただきます。同退職に応じていただける場合には、貴殿の再出発を支援させていただくためにも特別に退職金として○万円をお支払いします。

なお本提案は、退職勧奨であって解雇ではありません。そのため最終的な判断は、貴殿の御意向次第です。

つきましては退職に応じていただくことの是非について令和６年○月○日を目途に御回答いただけると幸甚です。

以上

返答の期限を設ける

通常は２週間程度。

退職金の額をできるだけ記載する

通常の退職金に比較して特別に増額していることに触れる。相手に対して退職というつらい判断を求めるため、特別の配慮をしていることを強調する。

最終的な判断はゆだねられていることを明記

解雇と思われないように、会社の一方的な通達ではないことをはっきりさせる。

退職勧奨の面談

会社は社員が再出発できるような提案をする

退職勧奨の書面（⇒P73）の準備ができたら、問題社員と面談のうえ退職を提案していきます。面談は書面を提示しながら、その内容を口頭で補足するようにして進めていきます。

退職勧奨における面談は、指導における面談とは目的が違います。面談でありがちな失敗は、ひたすら過去の問題行為を列挙して退職を求めることです。社員の問題点をいくら説明しても退職の同意は引きだせません。むしろ相手の態度を硬化させるだけです。

面談は将来に向けた協議

「社員が能力を発揮できる場所を新たに見つけだすため」という前向きな方針で実施するほうがうまくいきます。

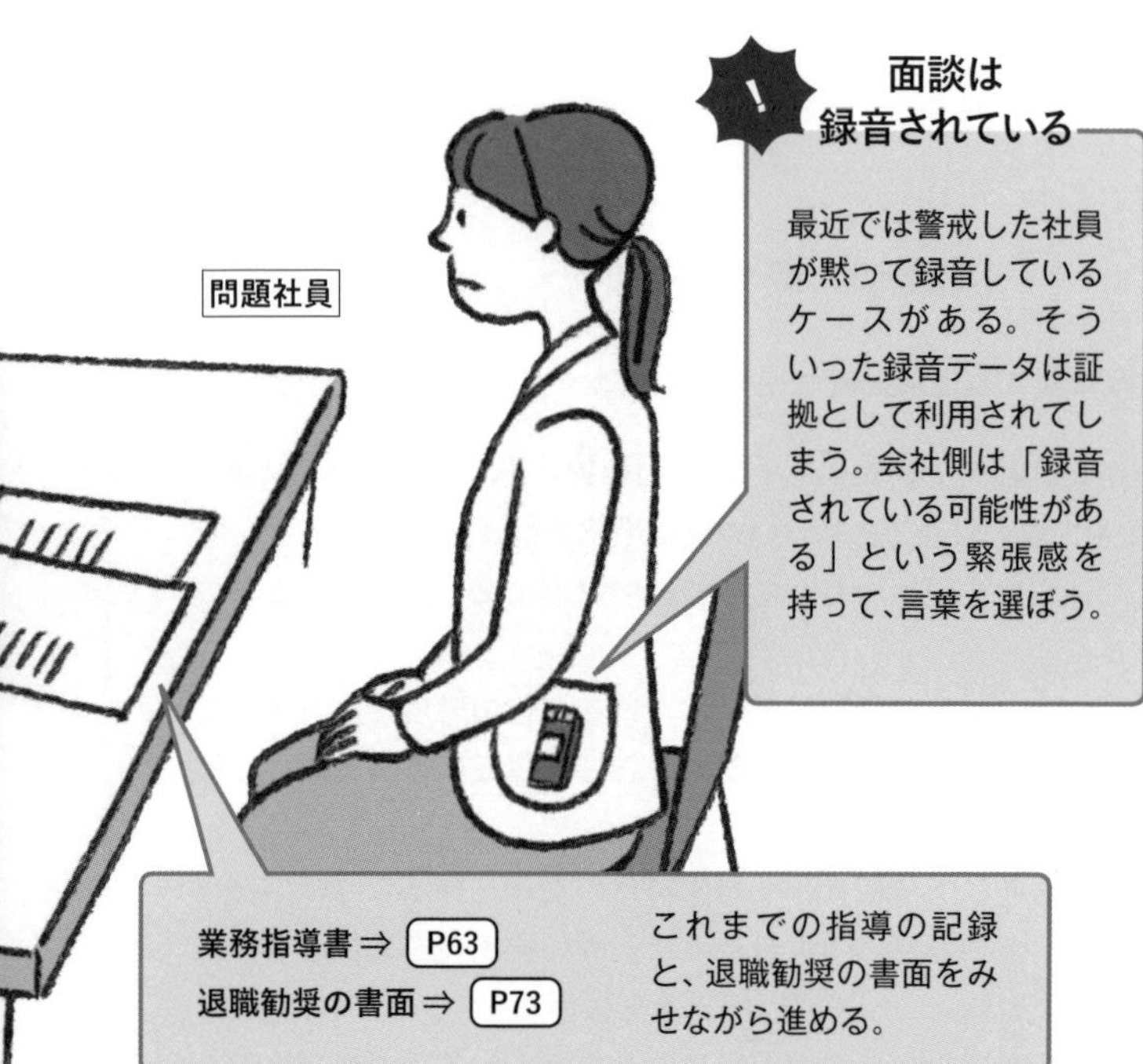

☑ 基本は経営者＋１名でおこなう

１対１で実施すると社員から「ハラスメントを受けた」と事後的に指摘される可能性がある。特に経営者が男性で問題社員が女性の場合、ほかの女性社員にも同席してもらう。

☑ 問題行為を列挙しない

問題社員の自尊心を傷つけるだけで、余計に提案を受け入れなくなる。問題点を指摘するときは、過去の指導書をみせながら改善が十分に果たされていないことを簡単に触れて終える。

会社側
業務指導をおこなってきましたが、十分な改善がみられませんでした。弊社としても、できる限りの対応をしてきたつもりです
弊社にはあなたの力を発揮できる場所を用意することができません。そのため、退職を提案させていただきます
応じていただける場合は再出発の支援として、退職金を加算して●万円をお支払いします

☑ 再出発を応援する

社員にとっては、自らの能力を発揮できる場所に転職するのも人生における選択のひとつ。あくまでも社員の再出発を応援するものとして、加算した退職金を支払うことを提案する。

●前向きな退職勧奨へ

退職勧奨は「問題点を指摘する」という発想ではうまくいきません。問題社員と対立する場ではなく、将来に向けた協議の機会として捉えるべきです。そのために会社は社員が再出発できるような提案をする必要があります。

FOCUS！

退職金の額を会社から提案するメリットは？

**会社から提案したほうが交渉が有利になります。
これには思考の癖（アンカリング効果）が関係しています。**

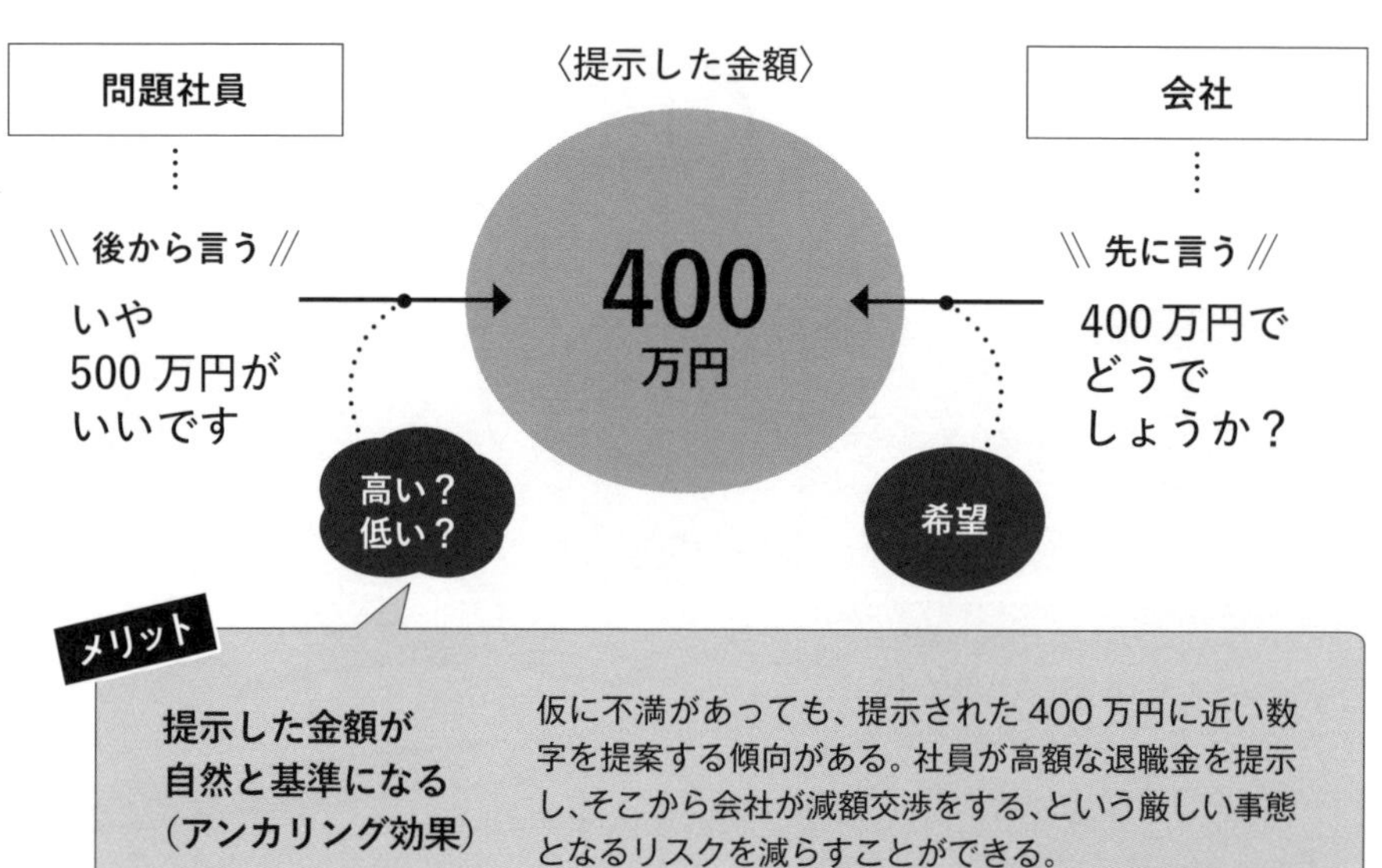

●交渉の基準ができる

退職金については、できるだけ会社から具体的な数字を提示するべきです。ひとには、思考の癖というものがあります。そのひとつが「アンカリング効果」と呼ばれるものです。これは最初に提示された情報が基準（アンカー）となって評価・判断する心理現象です。簡単に表現すれば、先に提示された数字が交渉のたたき台になるというものです。

先に社員から提案されると、基準が高額になってしまいます。ここから減額交渉をするのは、かなり難しいものです。ひとには、「損をしたくない」という強い動機があるからです。減額に応じるというのは、「損をした」という印象を社員に与えます。そのため減額にはなかなか応じてもらえません。

絶対に退職しない。そんなひとのときはどうする?

「退職しない」と聞く耳を持たない場合でも、
仮の退職金の額を聞いてみることで、交渉に持ち込めることがあります。

●議論の切り口を変える

労働条件がいい会社ほど、社員は退職を拒否します。こういう場合は「仮に退職するとすれば、いくらの退職金を希望するか」と希望額を求めるのもひとつです。この場合の希望額は、極めて高額なものかもしれません。それでも大きな進展です。議論が「退職の是非」から「退職金の金額」へと変更されるからです。

このとき減額交渉に時間をかけるのは、適切ではありません。「退職をする、しない」という大きな壁を越えたのであれば、社員の意見が変わらないうちに早期に妥結することが肝要です。いったん高い壁を越えてもらったにもかかわらず解決しなければ、その壁はさらに高くなり2度目はありません。減額を求めるにしても1回に限るべきです。

確実に
終わらせる

退職の合意ができたら、カタチとして残す

退職の条件で折り合いがつけば、問題社員の気が変わらない当日のうちに合意を書面で固めます。

退職に付随する取り決めもあれば、あわせて書面に記載しておきましょう。最後の場面を適切におさえておくことが将来の紛争を抑制することにもなります。

合意書を作成しなかった場合、退職の同意について「撤回」や「無効」を主張されるリスクがあります。書面作成により退職の合意に楔を打ち、確実に終わらせることが大事です。

合意書で確実に終わらせる

退職の条件で合意できたら合意書を直ちに作成します。
書面を作成する目的は、退職の事実関係を確定させるためです。

退職日は合意がとれた日に会社都合退職とする

退職は退職の合意がとれた当日にする（形式上ではなく、実際にその日に退職してもらう）。会社の退職勧奨に応じた退職なので「会社都合退職」とする。

事実に反する扱いはトラブルのもと

退職勧奨に応じた問題社員に「失業保険の給付が有利になるから、解雇扱いにしてほしい」と言われ、解雇で離職票を発行したら、不当解雇として争われた、というケースがある。裁判所は離職票の記載を重視するため、会社がいくら事情を説明しても後の祭り。

実際の振込金額について明記する

退職金から源泉徴収されたものであることを説明しておく。満額が振り込まれると誤解して事後的にトラブルになることがある。

私物などの返還について入れる

後から私物が見つかったときに会社で処理できるようにするため、私物の所有権を放棄して「会社が任意に処分できる」ことも記載する。

退職合意書

株式会社A（以下「甲」と表記する）と幻冬舎太郎（以下「乙」と表記する）は、甲と乙の労働契約の解消について本日をもって次の通り合意した。

1. 乙は、本日をもって、甲の都合により甲を退職する。
2. 甲は、乙に対して、退職金として金300万円の支払義務があることを認める。
3. 甲は、乙に対して、前項に定める金員から源泉徴収をした残額を、本日から4週間以内に、乙の指定する口座に振り込む方法により支払う。振込手数料は、甲の負担とする。
4. 甲は、乙に対して、本日までの賃金を日割り計算のうえ別途支払う。
5. 乙は、退職にともなう手続き（健康保険証などの返還を含む）に協力する。
6. 甲と乙は、本合意に至る経緯及び内容について特段の必要性がない限り第三者に口外してはならない。
7. 乙は、甲のもとで勤務中に知り得た情報について退職後も第三者に口外してはならない。
8. 乙は、本日をもって甲のもとにある私物の所有権を放棄し、甲がこれを任意に処分することにつき異議を述べない。
9. 甲と乙は、本書面に定める他に何らの債権債務がないことを相互に確認する。

上記合意内容を明らかにするため甲乙本書面各1通保管する。

令和6年　　月　　日

事後修正できないので、弁護士に確認しよう

見落としがないように、問題社員に渡す前に弁護士に合意書を確認してもらっておくべき。事前に弁護士の時間をおさえておこう。

口外禁止の条項も入れておく

口外禁止条項を入れても、会社が経理担当者に退職金の振り込みを指示すると金額を事実上知られることになる。情報の扱いに注意しよう。

FOCUS!

合意したら、即退職って困らないの？

会社の都合だけで出社を求めるとトラブルが起きて、後々困ったことになる可能性があります。

年次有給休暇が残っていたら？

年次有給休暇が残っていても相当額を退職金に加算するなどして、できるだけ合意日をもって退職とする。

すぐに返せない貸与物はどうする？

制服などは着払いで会社に送付してもらう。

引継ぎはどうする？

引継ぎはしない。退職の合意書にサインしてもらったら、帰宅する前に必要なデータをほかの社員に提供してもらうなど、「その場」での解決を心がける。

check!

退職勧奨前に情報共有をするという方法も

退職勧奨をする前に、担当者の有している情報を確保しておく。例えば、必要な情報をほかの社員にも共有しておくよう業務として指示するのもひとつ。

●会社都合の出社はトラブルのもと

社員と協議することのひとつに退職日があります。

中小企業では、一人ひとりに業務が割り当てられています。そのため、通常であれば退職時にほかの社員に業務の引継ぎをします。

ですが退職勧奨の場合は、それほど単純な話ではありません。

そもそも、社員は退職に応じたとしても会社に対して思うところがあります。経営者に感謝しているわけではありません。そのような状況で引継ぎのために出社を求めるのは、トラブルが起こるリスクがあります。ほかの社員にしても、退職することがわかっている相手との関わり方に悩みます。

退職の合意ができたら同日をもって退職日にするべきです。

ライバル会社への転職は禁止できる?

退職する社員に対し「ライバル会社に勤務することを防ぎたい」「独立を阻止したい」という相談を受けることがよくあります。

●現実的に「禁止」は難しい

自社の事業に抵触する行為をしてはならないことを「競業避止義務」と言います。

結論からお伝えすれば、一介の社員に競業避止義務を課すのは難しいです。社員には、職業選択の自由があるからです。競業避止義務を課すのであれば、時期や地域などをしぼる必要があります。

また、競業避止義務を有効に課すには、職業を制約する見返りとして経済的補償(退職金とは別)が必要とされる場合もあります。職業選択の自由を制約するなら、その経済的補償もするべきということです。そういった経済的補償までして競業避止義務を課す経営者は通常いません。ですから、現実的には競業避止義務に期待しないことです。

COLUMN

対話ができない場合、会社側から裁判所へ申し立てるのが有効なことも

当事者間の交渉による解決を実現させるためには、「対話ができる」という状況が必須です。問題社員のなかには、対話に応じず「弁護士に相談している」「いつでも裁判できる」などとプレッシャーをかけつつ、いつまでも感情的に周囲を責め立てるひともいます。このような状況を打破するには、会社から裁判所の手続きに乗せるのも有効な方法です。

例えば経営者によるハラスメント行為の有無が争いになったとします。社員から申し立てをする場合には損害賠償の「請求」を求めて申し立てをします。これに対して会社から申し立てをする場合には、賠償責任がないことの「確認」を求めて申し立てをすることになります。会社から社員に対して支払うべきものはないことを裁判所に確認してもらうということです。

こうして会社から裁判所の手続きに乗せることで、司法のルールのもとで対話に持ち込み、協議を進めることができます。

もっとも、労働審判（⇒P46）や訴訟（⇒P48）をいきなり利用することは、経営者にとって精神的ハードルが高いうえにコストもかかります。そこで訴訟ではなく調停を活用してみるのもひとつの方法です（⇒P45）。調停は強制力はないものの、感情的な発言を抑止して冷静な協議を実現することができます。

対話が成立しないケースでは、調停を労働審判や訴訟を利用する前の露払いのようなものとして、積極的に活用されるべきと考えています。

4章

典型事例からみえる

個別対応のポイント

中小企業の経営者のホンネ

「つまり、どうするべきか」

労働事件には、個性がある

3章では、問題社員に円満に離職してもらうための退職勧奨の流れとポイントについて説明しました。

しかしながら、労働事件はそれぞれ個性を持っています。そのため、問題社員対応において、「こうすれば、絶対に大丈夫」ということはありません。予想外のことは往々にして起こるものです。

そこで、ここからは典型的な事例と、その具体的な対応のポイントについて検討していきます。**典型的な事例を説明する意図は、細かなノウハウではなくざっくりした指針をお伝えすること**です。

方針がなければ、想定外の状況になっていることすら認識できず泥沼化します。「こういった方向性で進める」と決まれば、

打つ手もおのずと決まってきます。仮に想定外の展開になっても「方針から外れた」とわかり、早期の軌道修正も可能です。

▼個別対応には、就業規則が活きる

本章では、個別事例の後に、「就業規則」の意味を確認しておきます。会社は、戦略もなく就業規則を作成してしまいがちです。就業規則は、職場における基本ルール。社員に対して何かを指摘するときの唯一の拠り所になるものです。

そこで**社員とのトラブルを解決するためには、就業規則を見直す必要があります。**就業規則が数年にわたり改訂されていないのであれば、無防備な状態でトラブルに突入するようなものです。

就業規則の整備を仕方のない経費とみるか、あるいは組織づくりの投資とみるか。そこに経営のセンスが問われます。

4章のKeypoint

- 典型的な問題社員の事例をもとに、解決の指針を示していきます
- 典型的な事例の解決の方向性がわかれば、似た状況で想定外の展開になっても、柔軟に対応できます

典型的な
事例で学ぶ

協調性がなく、周囲を追い込んでいく

事例紹介

水産関係のＡ社では、経理担当者の態度が問題になっていました。自分の気に入ったひとには何事も丁寧に教えて、ミスがあっても笑ってすませます。これに対して気に入らないひとには粗雑な扱いしかしません。場合によっては無視をするという始末でした。

「フキハラ」という言葉を耳にします。自分が不機嫌であることを示して相手に威圧感を与えることです。協調性がない社員には、こういった傾向が強く見受けられます

中小企業では、組織が小さいために人間関係が濃厚です。そこで組織として一体的に機能するには、「周囲に合わせてうまくやる」という発想が求められます。

まずは、相談としても多い協調性の欠如した社員への対応から話を進めましょう。

紹介事例では、同じ職場にいる別の若手社員が「彼女と同じ職場で働くことができない」と辞表を提出してきました。

ある日から突然、悪態をつかれるようになり、怖くて質問もできなくなったということでした。

●面談でパワハラと反撃

事態を重くみた経営者は、「周囲を追い込んで楽しいか」と彼女に感情的に発言してしまいました。それに対し、彼女は不機嫌な態度で「これ、パワハラです」と反論してきました。それからというもの、いっそう経営者に批判的な態度をとるようになりました。

●退職の条件は退職金の割増し

そこで依頼を受けて退職勧奨を実施しました。彼女は、いつか退職を提案されることを理解していたようです。私からの提案を平然と聞いていました。

退職する条件は、定年までの賃金を退職金として支払うというものでした。さすがに高額すぎるため、類似事案の相場を示しながら賃金の1年分を支払うことで解決しました。

協調性欠如の
対応の
ポイント

協調性のジレンマを超えるには、期待を捨て、「行動」を指摘する

社員は協調性の欠如を指摘されるほど、反論しやすくなります。いわば協調性のジレンマです。

このジレンマを突破するには、指導する対象を具体的な行動にしたうえで、指導書交付と面談をします。さらに1ヵ月後に一度は状況確認の面談をしましょう。

こうして改善がみられるとよいのですが、協調性を欠くひとが指導によって改善したという事例はあまりありません。指導しても改善の兆しがないのであれば、退職勧奨を実施します。

「協調性」は指摘の仕方が肝心

「協調性がない」と伝えると、問題社員に反論の余地を与えてしまいます。

指摘
協調性がない

［この指導の問題点］

問題点❶
人格に対する批判になる
労働契約に基づく指導は、行動の改善を目指すもの。経営者が「こうあるべき」と押し付けることは、個人の思想に対する不当な介入となる。

問題点❷
「協調性」の意味が曖昧
会社における協調性とは、「他者の機嫌を損ねず、協働する能力」とされている。しかし、本来は数量のように「不足」と断じることはできない。

↓だから

協調性とは何ですか。
なぜ私だけ批判されるのですか。
パワハラです

と反論されてしまう

指導のポイント

問題行為を淡々と指導

指摘のアプローチの仕方を変えます。問題社員の気勢をそぎつつ、退職勧奨の布石とする指導をおこないます。

よりよい
指導へ
change!

指摘

「ほかの社員を無視する」ことは、
問題行為である

指導の対象を

人格⇒具体的な行動に

面談と指導書（⇒P63）で、行動が協調性を欠く問題行為であると指摘する。「ほかの社員の業務を妨害してはならない」といった就業規則の服務規律に違反する場合には、その指摘もすると効果的。

指摘するのは、3つにしぼる

複数の行動の積み重ねから「評価」がうまれる。そのため、指摘したい行為は複数あるもの。しかし、指導の対象が曖昧になるので、問題行為の列挙は避ける。

問題行為が認められるたびに指導書を渡す

問題社員は問題行為を指摘されても、たいてい不機嫌な態度をとるだけで終わる。「言って聞かせて内省を深める」ことに期待はせず、退職勧奨を見越して淡々と指導書を交付する。

改善しなければ、退職勧奨へ

解決金の相場は高くなりやすい。それでも、ほかの社員が離職していく可能性を考慮すれば、やむを得ない負担。

協調性欠如の
対応の
ポイント

「辞めさせて」コールを受けても経営者は自分で決断する

労働契約は、あくまで企業と特定の社員の間で締結されるものです。「あの社員を辞めさせてほしい」というほかの社員からの訴えは、経営者に当該社員の解雇を促す程度の意味しかありません。周囲の意見に流されるのは禁物です。あくまで懲戒権や人事権を行使する際の判断材料とします。

経営者は、自分で判断し、批判も含めた結果をすべてひとりで受け入れる覚悟を持つべきです。その覚悟こそが、経営者が経営者たる所以とも言えるでしょう。

あの社員を辞めさせてほしい、と言われたら

ほかの社員に涙ながらに懇願されるときがあります。
しかし、言われたからといって、
「わかりました」とするのは問題です。

あの社員を辞めさせてほしい。
一緒に働くことは難しい

協調性のない社員だけでなく、パワハラやセクハラの被害者からも同じような申し出がある。

↓

一方の当事者の
希望だけで、
是非を判断することは
できない

意見におされて
解雇すれば「不当解雇」
で争われることもある

仮に不当解雇で争ったとして「ほかの社員からの要請で」というのは、正当な理由とはされない。

経営者としての姿勢

流されず、ひとりで決断する

いかなる場面であっても、雇用を継続するかどうかは、経営者がひとりで決断するべきことです。

［鉄則］

「誰と働くか」は経営者が決断すること

経営者は社員の暮らしを守るため、長期的視点で経営の采配を振る必要がある。ほかの社員から申し出があったからといって安易に解雇するのは、経営者が「誰と働くか」という人事裁量を放棄したことと同じ。

雇用継続？

辞めてもらう？

辞めてもらう

事後に不当解雇で争われないように、退職勧奨による円満な離職を目指す。

辞めさせない

特に営業数字を把握している社員については、事業への影響に鑑みて辞めさせない決断をすることがある。

ほかの社員にとっては受け入れがたい

いったん衝突した相手と事後的に良好な関係を構築するのは、容易なことではない。経営者に対する信頼まで失うことにもなりかねない。

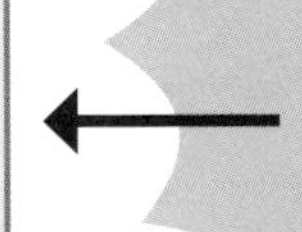

ほかの社員へどのように配慮するかが重要となる

「問題社員から離れたいために、自身が退職することにした」といった不条理を強いられることになった社員に対して退職金を加算するなど、配慮を心がけるべき。

典型的な
事例で学ぶ

「自分だけは違う」とパワハラの自覚がまったくない

事例紹介

A病院の院長は、銀行の人事部に勤務していた男性を事務部長として採用しました。すると、数ヵ月もしないうちに「あのひとの下では働けない」という声が院長のもとに届くようになりました。彼は部下の細かいミスを発見しては、「なぜ」と容赦なく批判するというのです。

パワハラ社員には、「部下には厳しい反面、上司には従順」という二面性があります。このとき経営者は「自分が抱く人物像」と「部下から耳にするパワハラ気質の人物像」のギャップに困惑するものです

この時世にパワハラという言葉を知らないひとはいません。いるのは、自分の行為はパワハラではないと誤解しているひとです。私たちは、往々にして「自分だけは違う」という誤った思考に陥ってしまいます。これは正常性バイアスと呼ばれるものです。

●「なぜ」と追い詰める

紹介事例の問題社員の事務部長を象徴するものとして「なぜ」という言葉があります。「なぜ、同じミスをする」「なぜ、できない」など。指摘された側としては、何も返事をすることができません。自分のミスに理由などないからです。

●事実確認をして退職勧奨へ

この事例は、社員のひとりが弁護士に依頼したことで変わりました。この社員は、事務部長とのやりとりを録音していました。録音データからは、社員を追い詰める事務部長の姿がありました。その執拗な態度は、パワハラがストレス発散であることを雄弁に語っていました。

この事実を把握した病院は「適切な職場環境を用意できなかったことを詫びる」という形で、被害者に慰謝料を支払いました。

事務部長は、「指導であって他意はない」と反論しましたが、このままではほかの社員からも損害賠償の請求を受ける可能性もあります。その説明をすると、退職に合意して職場を去りました。

パワハラ社員対応のポイント

「パワハラだから気をつけて」よりもパワハラの根底にあるものに言及

「パワハラだから気をつけるように」といくら指導しても効果などありません。面談は、パワハラが自己満足になっていることを指摘することから始めます。

そのうえで「教え方」について学ぶ機会を設けます。「教える」というのは、組織を拡大していくために必須のスキルです。それにもかかわらず、学ぶ機会があまりにも少ないのが中小企業の実情です。「教え方」を伝えきれていなかった経営者にパワハラの責任の一端があるとも考えるべきです。

パワハラの根底にあるもの

パワハラは、本人にとってストレス発散方法になっているケースが少なくありません。
これはカスハラに通じるものがあります。

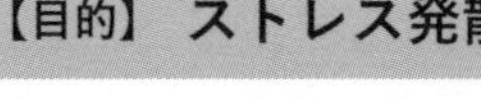

【目的】 ストレス発散

【主張】「部下のために」

正当化する

「指摘することが相手のためにもなる」という大義をかかげ、自分の行為を正当化する。

周囲を抑圧して優越感に浸る

パワハラから得る優越感には依存性があるため、より強い言動にでてしまう。

パワハラが終わりなく続く

指導のポイント

ストレートに伝える

パワハラに対する指導の面談では、パワハラが自己満足のひとつの手段になっていることを理解してもらう必要があります。

会社

パワハラが自己満足の手段になっています

\\ 反論 //

問題社員

そんなことはない。あくまで指導の意図しかありません

あえて厳しい意見を言うべき

社員に配慮してオブラートに包みたくなるが、曖昧な表現だとうまく伝わらない。成長を促すため、厳しい意見をストレートに伝える。

\\ 問いかけ //

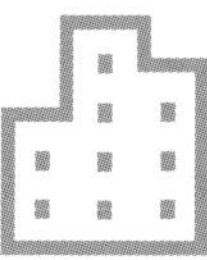

会社

あなたができる指導は、こうやって相手を威圧する方法しかないのですか

相手を威圧せずとも行動を変えることができるという考えはありませんか

質問に回答する形式で内省を深めてもらう

一方的に経営者の意見を伝えるのではなく、問題社員に問いかけをしながら対話する。

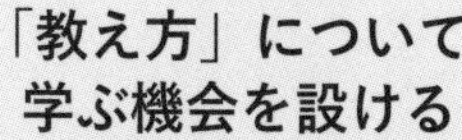

「教え方」について学ぶ機会を設ける

パワハラが生じる原因のひとつは、部下への教え方が統一されていないこと。担当者は、自分の経験だけで部下を育てようとし、想定した成果を部下がだせないと、ストレスを抱えてより強くあたってしまう。

改善しなければ、退職勧奨へ

指導を繰り返しても効果がない場合は、退職勧奨へ切り替える。態度を改めず、このまま勤務し続けた場合、パワハラ被害者からの賠償請求のリスクがあることも伝えよう。

パワハラ社員対応のポイント

疑似体験がパワハラの抑止力をうむ

パワハラセミナーに効果はある?

パワハラセミナーを定期的に開催する企業もあります。
しかし、セミナーはただ受けるだけでは、
なかなか効果が得られません。

文化としてパワハラ気質のところもある

特に社歴のあるところでは、過去の成功体験から「あるべき論」が強く、会社の体質を時代に合わせて変えることに苦労する。セミナーの開催を増やす、あるいは若手社員の意見を個別に聞くなどの対策をしても解決にはなかなか至らない。

「いい話を聞いた」で終わる

会場からでると、受講者は聞いた内容の大半を忘れてしまう。提供された資料はファイリングされるだけで、二度と目を通されることもない。

研修に時間をとられて、業務に支障がでる

セミナーの効果を上げるには

「身近な問題」と感じてもらうこと

各社ではパワハラ撲滅に向けた啓発活動を実施しているはずです。しかし、抜本的解決にはなかなか至りません。パワハラ相談窓口を設置しているだけで機能していない企業もあります。相談がないというのは、相談すらできないという状況の可能性もあるからです。

限られた時間で効果を上げるためには、「身近な問題」と感じてもらうように工夫します。また、パワハラ抑止という観点からすれば、被害にあいやすい若手社員の声に耳を傾けることも必要です。

リスクを減らす

「自社のこと」と認識させる

「自社のこと」という認識を持ってパワハラセミナーを受けてもらい、パワハラ抑止までつなげるには、下記のような方法があります。

手法1

講師を社内のひとにする

外部講師は専門家として十分な知見はあるものの、各社の実情を把握しているわけではないため、一般論になりがち。講義に迫力を持たせるには、社員が講師として会社における事例を解説する。

手法2

セミナーのなかで疑似体験させる

参加者に台本通りにパワハラの場面を再現してもらう。こうした疑似体験による感情は、ひとつの体験として記憶に残りやすく、パワハラに対する抑止力となる。

パワハラ社員役を部下に、被害者役を上司にする。上司は部下からきつい言葉をあびせられて嫌な気持ちになる一方、部下は上司に対してきつい言葉をあびせることで上司の感覚を垣間みることができ、お互いの気づきになる。

＝

若手社員への声がけもパワハラ抑止になる

営業所など、本社からの目が届かない場所では若手社員が相談先もなく悩んでいるケースが少なくない。若手社員は、現場の上司からの報復をおそれて簡単には言いだせないもの。もめるくらいであれば、適当な理由をつけて退職していく。「調子はどう」と経営者が定期的に声をかけるだけでもパワハラ抑止となる。

典型的な事例で学ぶ

セクハラをしたことをなかなか認めない

事例紹介

飲食業を営むA社では、パート社員から支店長によるセクハラ被害について申し入れがありました。経営者は支店長に「何をやっている。どう責任をとるのか」と詰め寄りました。しかし、支店長は「根拠あっての指摘なのか」と、逆に経営者を責めるようになってしまいました。

セクハラは男性が被害にあうこともあります。しかし、男性は「相談して弱いと思われたくない」と考え、周囲への相談をあえてしないことが多いようです。セクハラは性別にかかわらず、会社が公平･公正に対応すべき事案だという意識を持ちましょう

この事案では幸いなことに被害者が職場の友人に前から相談していました。その方が協力してくれたので事実確認ができました。ただ正直なところ、友人の証言だけでは根拠として不十分です。

「友人だから有利な話をしているだけ」と反論される余地があるからです。裁判になっていれば、証拠として不十分という判断がなされていた可能性もあります。それがなかったのが救いでした。

●懲戒解雇ではなく退職へ

懲戒解雇では、「事実に比較して処分が重すぎる。不当な解雇だ」と争われるリスクが残ります。そこで経営者は、不本意ながらリスクヘッジとして会社都合退職ということで話をまとめました。

さらに退職時には被害者と会社を守るために、セクハラの顛末書と事情を口外しない念書も提出してもらいました。支店長の家族にも何も言わないことにしました。

●会社が慰謝料を立て替える

経営者は、被害者に詫びたうえで慰謝料を支払いました。慰謝料は本来であれば加害者である支店長が支払うべきものです。ですが加害者が現実に支払うとは限りませんし、被害者は加害者と関わりたくないものです。

本件では会社がいったん支払って事後的に支店長に求償をしました。実際には、合意のうえで退職金から控除して終わりとなりました。

セクハラ対応のポイント

義憤にかられて行動しない。確実な証拠をつかんでから面談する

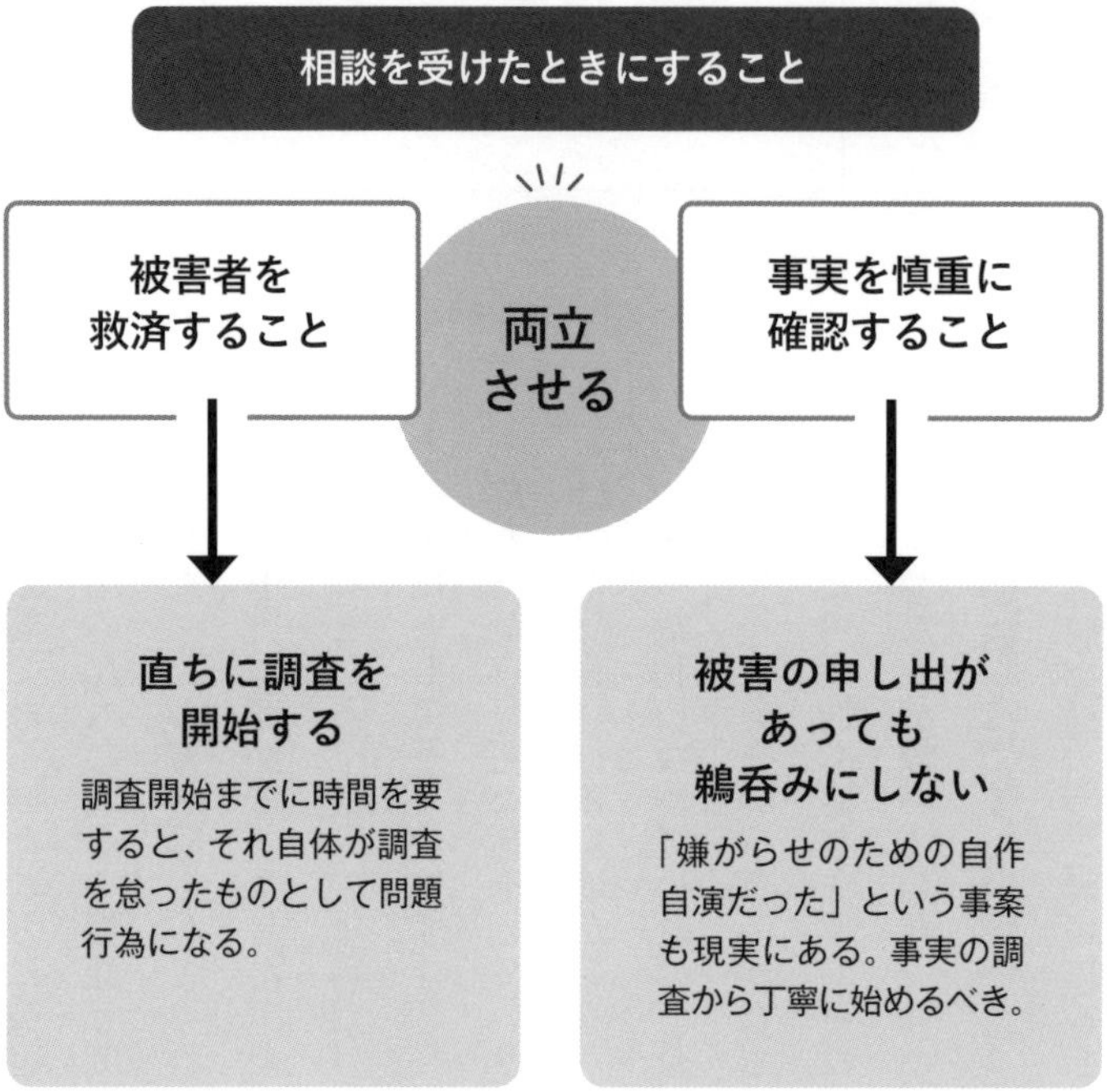

セクハラにおける失敗の典型は、経営者がいきなり加害者と名指しされたひとを糾弾することです。紹介した事案では、ほかの社員の協力もあって解決できました。これは運がよかっただけです。類似事例では「証拠もないのにセクハラと指摘された」として会社が慰謝料請求を受けたこともあります。

セクハラ事案では、まず事実確認をおこないます。「性的意図はなかった」という加害者の主観は考慮するべきではありません。客観的な事実から判断します。

事実を「確実」におさえる

「助けなければ」と考えるのは組織の長として当然の姿勢です。
ですが、責任を追及する前提として
事実を確認することは必須です。

相談を受けたときにすること

両立させる

被害者を救済すること
↓
直ちに調査を開始する
調査開始までに時間を要すると、それ自体が調査を怠ったものとして問題行為になる。

事実を慎重に確認すること
↓
被害の申し出があっても鵜呑みにしない
「嫌がらせのための自作自演だった」という事案も現実にある。事実の調査から丁寧に始めるべき。

調査の大まかな流れ

事実を固めてから面談へ

セクハラをした問題社員と面談する前に、被害者の協力を得て客観的な証拠を集めておく必要があります。

被害者に情報共有する範囲について、同意してもらう

セクハラの調査では、「2人はできていた」などあらぬ噂が広がることがある。こうした風評による二次被害を防ぐために、調査に関係するひとを制限する。

客観的な資料を集める

SNSにおける当事者間のメッセージなどは、有効な資料のひとつ。①行為②継続性③休職、退職などの結果の発生の有無④被害者側の要因を中心に事実を確認しよう。

仮説を立てる

Step 2の資料をもとに、今回のセクハラ事案で起こったことについての仮説を立てる。

(例) 人事評価をちらつかせて性的関係を求めた

関係者へヒアリングする

関係者の感情や評価などはできるだけ排除する。「○○という事実について把握していることがあれば教えてください」というように具体的な事実を確認する。

加害者と目される人物と面談する

加害者との面談は最後の最後。面談の目的は、本人に弁明の機会を与えるというもの。面談は、この1回のみと覚悟しておこう。だからこそ、それまでに事実を固めることが必要となる。

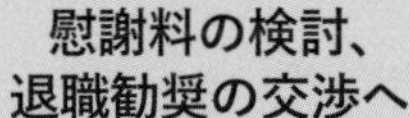

セクハラの事実が確認できたら、慰謝料について検討する。会社が負担する場合には、50万~100万円で被害者と合意するケースが多い。加害者に対しては、会社都合退職の交渉をする。

事実がつかめなかった場合の対応は⇒ P102 参照

セクハラ
対応の
ポイント

それでも真実を決めきれないときは会社の立場を説明する

セクハラの事案では、被害の声はあるのに事実を確認できないという状況に陥ることもあります。このときに勢いで加害者を呼びだすと、警戒されて残された証拠すら隠滅される可能性があります。

時間をかけて資料が用意できればいいのですが、現実にはうまくいかないこともあります。被害者が加害者への早急な処分を強く求めてくるケースもあります。この場合には、会社として「現状では判断できない」と被害者に理解を求めることをせざるを得ません。

証拠が集まらないケースでとるべき行動

セクハラは客観的資料に基づき判断していきますが、すべての事案で資料が十分あるとは限りません。

被害の声はあるのに客観的資料が集まらない

セクハラの場合には、密行性を持ってなされるために資料が残されていないということがしばしばある。

経営者は被害者に共感しつつも、事実を判断できない状況に陥ります

対応を求められるケース

会社の立場への理解を求める

資料がないなか、被害者が加害者への早急な処分を強く求めてくるケースもある。この場合には、被害者に会社の立場に対して理解を求める。

時間をかけられるケース

加害者を泳がせて、証拠を確保する

被害者に事情を説明し、資料確保のために時間を要する同意を得る。加害者から守ることを告げて、何かあればすぐに連絡してもらう。

会社が被害者に伝えること

☑ 客観的な資料がないため、会社として事実の存否について判断できない

会社には事実の存否を判断する確定的な権限はない。仮に会社がセクハラの事実があったと判断しても、加害者が「不当だ」として裁判で争うことができてしまう。

↓

☑ 早期の判断を求めるのであれば、裁判所での判断を自ら仰ぐほかにない

会社が本来の領域を超えて一方的に事実を判断することはそれこそ問題になる。最終的な権限は、あくまで裁判所にある。

↓

☑ 会社として必要な範囲で協力は惜しまない

資料提供などはできるが、裁判費用は本人に負担してもらうことになる。安易に経営者が補助をすると、一方に肩入れしたことになりかねない。つまり被害者とされる社員を選択したことになってしまう。

それなら裁判をします

↓

ときには被害者から反発を受けることもある

厳しい意見だが、自分の権利は自分で守るしかない。会社の立場からすれば、やむを得ない判断となる。

典型的な事例で学ぶ

架空の経費を請求し、長年にわたり横領していた

事例紹介

経理を任せていた社員が体調不良でしばらく休むことになりました。仕方なくほかの社員が経理を担当すると、どうも数字が合いません。あわてた経営者は、税理士に相談しました。すると架空の経費がでるわ、でるわ。被害額は1000万円を超えることが判明しました。

「許せない。すぐに告訴したい」。経営者の憤りは、電話越しにもひしひしと伝わってきます。あくまで個人的な印象ですが、10社に1社は被害にあった経験があります。ただ自社における情けない話なので、外部に漏れ伝わらないだけです

架空の経費のほかにも、在庫品の横流しや現金の着服といったものがあります。いずれも共通するのは、方法がとてもシンプルということです。小説で見かけるような複雑な仕掛けはまずありません。

●気づいたときには遅い

事例のような横領は、少額が長期にわたって着服されます。気がついたときには被害額が高額なものとなります。たいてい加害者本人もいくら手に入れたのかわかっていません。「必要なときに、必要なだけ手に入れた」というのが正直なところでしょう。

しかも会社の被害は、たんに着服された金額だけでは終わりません。先の経費の水増しの事例では、正しく経理処理をすると経費が減って利益が増えたことになります。そこで遡(さかのぼ)って法人税などを追加で支払うことになりました。被害弁償がなされていないのに税金だけ支払うことになったわけです。

さらに問題解決のために弁護士に依頼すれば、弁護士費用も発生します。被害は、わかりやすい被害額だけでは終わりません。

●確実に返済してもらう

このような事案では、被害額を回収することが重要です。そのためには刑事責任を問わず、退職という形をとらせることで、返済の動機づけをおこないます(⇒P106)。そのうえで、確実に被害額を回収できるように返済計画を立てます。

4章 典型事例からみえる――個別対応のポイント

横領した
社員対応の
ポイント

あえて刑事責任を問わない。それが交渉材料となる

強い憤りから刑事責任を求めたくなる

一般的に不正をした社員は、
刑事責任と民事責任を負担することになります。
理論的には両者は別個の責任です。

不正をした社員の責任

【刑事責任】
窃盗や横領といった犯罪の成否と処罰に関するもの。

と

【民事責任】
会社に対する損害賠償に関するもの。

告訴して、処罰を！

経営者

刑事責任にフォーカスする

「社員に裏切られた」ということで強い憤りに襲われる。結果、「告訴をして処罰を」ということばかりに目を向けてしまいがち。

不正があったとき、経営者は刑事責任を追及したくなります。ですが、「あえて刑事責任を求めない」という判断もあるべきです。

いくら立派な理念があってもカネがなければ事業は回りません。そこで「確実に賠償するなら刑事責任を追及しない」というように交渉の材料とすることが現実的です。「賠償するのは当然」というのは、性善説に頼るようなものです。確実に回収するには「支払わなければ不利益を受ける」という状況を設定するしかありません。

「刑事責任を問わない」ことで事業を守る

刑事責任の追及は、その負担についても理解したうえで実施するべきです。あえて問わないことで事業を守れることもあります。

告訴する

デメリット1

☑ **立件するための資料は会社が集める**

必要な資料は会社が用意しなければならない。また、捜査協力に従業員を割り当てれば、その人件費もかかってしまう。

デメリット2

☑ **不正があったことが周囲に知られてしまう**

銀行などの外部に知られ「杜撰（ずさん）な経理管理だった」といった風評被害につながりかねない。

デメリット3

☑ **被害額を回収できるとは限らない**

確実に被害額を支払ってくれるとは限らない。服役されると回収がいっそう困難となる。

だから…

現実的には

あえて刑事責任を追及しないことが多い

解決の一手

確実に賠償してくれたら、刑事責任は追及しない

ことも含めた退職提案を！

自社の事業を守るためには、損害の回復こそもっとも大事なこと。問題社員に「刑事責任を回避するために確実に返済する」という動機づけをおこなう。退職金については、本人の同意のもとで賠償金に充当する。

⇒返済について詳しくは P108

横領した
社員対応の
ポイント

被害額を回収したいなら、分割払いで確実に

被害額を回収するには、交渉で和解することを目指すべきです。和解の場合には、たいてい分割で返済ということになります。

なお、不正をしたことが明らかであれば、当該社員を懲戒解雇することは通常可能です。ですが個人的には懲戒解雇にこだわるべきではないと考えます。懲戒解雇と言えども、事後的に「不当解雇」として争われるリスクがあります。退職で終わらせるほうが安心です。また、退職扱いとしたほうが返済の動機づけにもなります。

被害額は一括回収できる？

「なぜ用意できないのか。借りてでも用意するのが常識だろう」と息巻く経営者もいますが、ない袖は振れません。

横領した社員はたいてい
被害額を一括で返済するだけの
資力がありません

本人が支払えないなら、
親戚から借りるとか、配偶者に
支払ってもらえばいいのでは？

親戚からの借り入れは強要できません。
配偶者であっても、当然に
責任を負うべき立場にはありません

道義的な責任と法的責任は
違うということです

確実に回収するなら「和解」に

「一括で返済ができないのであれば訴訟をする」というのは注意を要します。立ち止まって、会社にとっての優先順位を考えるべきです。

- **費用と時間がかかる**
- **勝訴したとしても、回収できないことがある**

会社の要求する損害のすべてが認められるとは限らない。仮に勝訴しても、相手に資力がなければ強制執行しても回収できない。強制執行しても空振りに終わるというのは実務では珍しいことではない。

そこで私は、できるだけ交渉による和解を目指しています

- **分割で支払ってもらい、確実に回収する**

現実的に返済可能な金額を本人から提示させ、返済計画を確定させる。合意したら、将来裁判になったときの備えとして、念のため合意内容をまとめた書面を作成する。

注意すること

適格な連帯保証人を設定する

仮に配偶者がなったとしても、収入が不安定だと不安が残る。また、年金は生活保障的な要素があり、強制執行ができないとされているため、高齢の両親も不向き。返済計画を立てる場合には、連帯保証人の適格性を見定めるために、会社は弁護士にアドバイスをもらっておこう。

懲戒解雇にはせず、退職扱いとする

「不正をしたのに退職を認めた」という赦しは、本人にとって「恩に報いて返済をしなければ」という動機づけにつながる。

典型的な
事例で学ぶ

会社の不備ばかり訴え、クレーマー化している

事例紹介

製造業を営むＡ社では、前職の経験をふまえ、即戦力として当該社員を採用しました。しかし、その数ヵ月後にはわずかな会社の不備を挙げては「ブラック企業。労基署に申し入れる」「上司からの指導はパワハラ」「精神的な苦痛を受けた」と会社を批判するようになりました。

カスハラは、社外のひとである消費者からのクレームを前提にしています。ですが現実には、社内にも一方的に自分の要求を通そうとするクレーマー社員が存在します。会社は外からも内からも叩きのめされてしまいます

社員が会社に改善を求めていくこと自体は、労働者の権利を守るのみならず、よりよい職場をつくるために必要なことでしょう。経営者としては、一蹴するのではなく真摯に耳を傾けるべきです。

ですが実際の現場では、明らかに労働法の解釈を間違っているのにもかかわらず会社を攻撃するひとをみかけるようになりました。

●際限のない質問攻め

紹介事例では、会社の顧問社会保険労務士（社労士）が面談することにしました。すると問題社員である彼女は、ネットの知識で社労士を質問攻めにします。答えられないと、「こんなこともわからないのに社労士ですか」と社労士を追い込みました。

●議論しない戦法で突破

そこで私が対応することになりました。私が「即答できません。調べて回答します」と言うと、彼女は「それでも会社の弁護士ですか」と畳みかけてきました。

そこで私は「そうですね。知識不足で申し訳ありません。だから質問を書面でいただければ調べて回答します。それに何か不都合でもありますか」とだけ回答して議論に持ち込みませんでした。

ファイティングポーズをとっていた彼女にしてみれば、肩透かしです。これでいったん話を終わらせ、退職勧奨のステップに移行させました（⇒P112）。

クレーマー社員対応のポイント

議論しても仕方ない。議論から交渉にシフトさせる

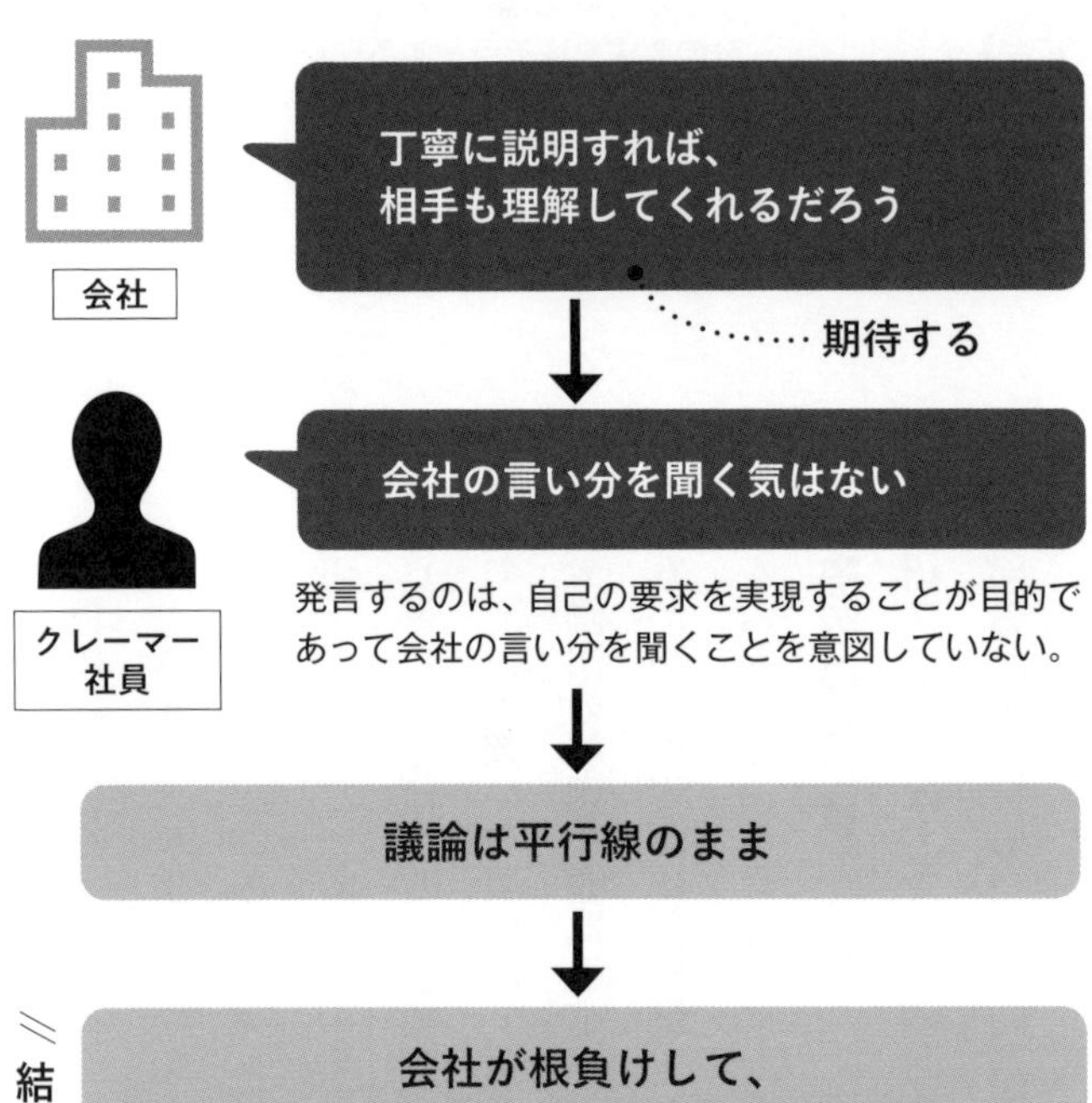

私たちは、「丁寧に説明すれば相手も理解してくれる」という期待を持っています。ですが相手に聞き入れる姿勢がなければ、説明をしても理解に至らないのが真実です。ですから、クレーマー化した社員に対しては議論に持ち込まないという意識を持つべきです。

クレーマー化する社員は、ネットなどの知識をもとに「自分は人事に詳しい」と過信しています。このような相手に問題点を指摘しても、自分の意見に固執するだけで問題の解決にはなりません。

「正しさ」で争わず、相手のリズムを崩す

クレーマー社員との不毛な議論を止め、交渉へ進めるには、その心理を理解した対応をとります。

ネットで都合のいい情報を集める

クレーマー社員は、労働に関する自分に都合のいい情報を断片的に手に入れる。

心理 ダニング＝クルーガー効果

能力や経験の浅いひとほど冷静に自己認識できず、自分を過大評価する傾向。一部しか理解していないのに、全部を理解したものと錯覚しやすい。

自分を「人事に詳しい」と過大評価する

把握した知識は、ツギハギのものでしかないうえに、解釈の仕方も極端な場合がある。しかし「自分は人事に詳しい」と過大評価する。

あなたの知識は間違っている と指摘する

自分の意見に固執する

批判されるほどに、自分の意見にこだわるようになってしまう。

突破するには

相手の勢いをそぐ

質問を書面でいただければ調べて回答します と

議論に持ち込まない

要求を書面で提出させるようにして、いったん話を終わらせる。そこから交渉へと進めていく。

⇒詳しくは P114

4章 典型事例からみえる――個別対応のポイント

クレーマー
社員対応の
ポイント

五月雨式の要求をさせず、書面でやりとりする

要求をしぼらせてから、対応する

クレーマー化した社員の対応をするときは、感情に流されず、
以下のポイントをおさえておきましょう。

\\ Point 1 //

「即答できない」ことをおそれない

「調べて回答する」ということで十分。それすら批判してくる場合「即答できないことが違法と考えるのであれば、それを裁判で争ってください」と回答して話を打ち切るようにする。

\\ Point 2 //

社員の要求は書面で提出させる

口頭だと「あれがだめなら、次はこれ」と、問題社員の望む展開に持ち込まれやすくなる。書面で要求内容を固めさせることで、検討することがクリアになり、対応しやすくなる。

ここからはクレーマー化した社員への対応における具体的なポイントについて触れておきます。まずは即答できないことをおそれないということです。次に相手に、要求は書面で提出するように指示してください。要求内容を固めさせるのが目的です。

書面が提出された場合には、会社からの回答も書面でおこないます。会社への批判がおさまらず、事態が改善しないのであれば、社員の立場に理解を示しながら、退職勧奨をすることを検討します。

Point 3

会社の回答も書面にする

将来裁判になったときに証拠として利用することを想定し、できるだけ口頭でのやりとりを回避して記録を残す。

要求内容について、正確に把握したいのです

だから、あなたの要求を書面で提出してください

Point 4

質問への回答はどこかの段階で打ち切る

事前に弁護士に相談し、どこかの段階で「これをもって会社の回答は終わります。不当な点があれば、あとは司法的判断を仰いでいただくしかありません」と伝えて協議を終わらせる。

Point 5

本人の不満を退職勧奨の理由とする

クレーマー化した社員は、ひたすら会社を批判しつつも自分から退職することはあまりない。社員の問題行為が続く場合、社員の不満に理解を示しつつ、あえて会社から退職勧奨をする。

会社としては、あなたの要求に可能な限り対応しようと努力してきました。これ以上の対応は難しいというのが実情です

このままあなたが不満を抱きながら勤務されるのは、会社としても望むことではありません

別の職場を探されることをお勧めします

典型的な
事例で学ぶ

メンタル不調で復職の目処がつかない

事例紹介

サービス業を営むＡ社では、現場リーダーの男性から「うつ病でしばらく休む」と電話がありました。本人の希望で年次有給休暇を利用していましたが、残日数が少なくなったため、連絡するも音沙汰がありません。経営者は解雇するわけにもいかず、途方に暮れてしまいました。

経営者は十分な療養を推奨して、早期の回復を期待するものです。しかし、復帰が不透明で困るケースがあります。ルールがなければ、休職期間経過後も雇用を定年まで継続せざるを得ません。解雇すれば、不当解雇として争われることになります

紹介事例のようなケースは中小企業で目にすることのひとつです。

●休職には休職命令が必要

うつ病の場合には、療養が数ヵ月など長期にわたります。そのため通常は「欠勤」ではなく「休職制度」が利用されます。休職制度は、労働者の個人的事情で長期間就労できない場合に、雇用関係を維持したまま一定期間にわたり就労義務を免除するものです。

「体調不良で働けなくなった。それなら解雇」というのはあまりにも労働者にとって過酷です。そこで、解雇を猶予するものとして休職制度があります。

休職は労働者が一方的に「休職制度を利用します」といって始まるわけではありません。あくまで会社が「現状で勤務は難しい」と判断し、休職命令をだすことで休職ということになります。社員は、通常、休職期間中に給与をもらうことができません。一般的には傷病手当金を受給しながら暮らすことになります。

●規定があれば、リスクは減る

今回の事例のケースでは、まず休職命令を書面でだす必要があります。休職期間内に復職に至らない場合に「自然退職」とする就業規則の規定があれば、対応に困ることはないでしょう(⇒P118)。

この規定がなかった場合には、不安定な立場での雇用を継続するほかありません。

メンタル不調の
社員対応の
ポイント

就業規則に「自然退職」「復職」の規定があるかがすべて

紹介事例のようなケースで困らないためには、就業規則に「自然退職」を定める必要があります。自然退職は、事後的に妥当性が争われることもありますが、いったん「退職」という結論がでることは会社にとって有利です。復職についても指針を定めましょう。

なお、うつ病の社員がでてからあわてて就業規則を見直すと、一方的な不利益変更と批判されるリスクがあります（⇒P136）。就業規則の変更は、休職者のいない段階で実施しておくべきものです。

自然退職の取り決めをつくる

休職期間経過後に復職できない場合の対応を就業規則に明記しておきましょう。

自然退職の規定がない場合

休職する →（休職期間）→ 復職する

休職期間は、就業規則において上限が定められている。通常であれば、休職期間中に治癒して復職するということになる。

期間内の復職が難しい場合でも、定年まで雇用を継続せざるを得ない

自然退職の規定がないと、休職期間後に復職していなくても、雇用を継続しなければならない。解雇すれば、不当解雇として争われてしまう。

リスクを減らすルールをつくる

自然退職の規定を定める

自然退職とは、休職期間満了までに復職できなかった場合には退職とみなすというもの。

復職の条件を明記する

復職の条件を定めることで、会社として認められないケースに対して、議論の余地を残すことができます。

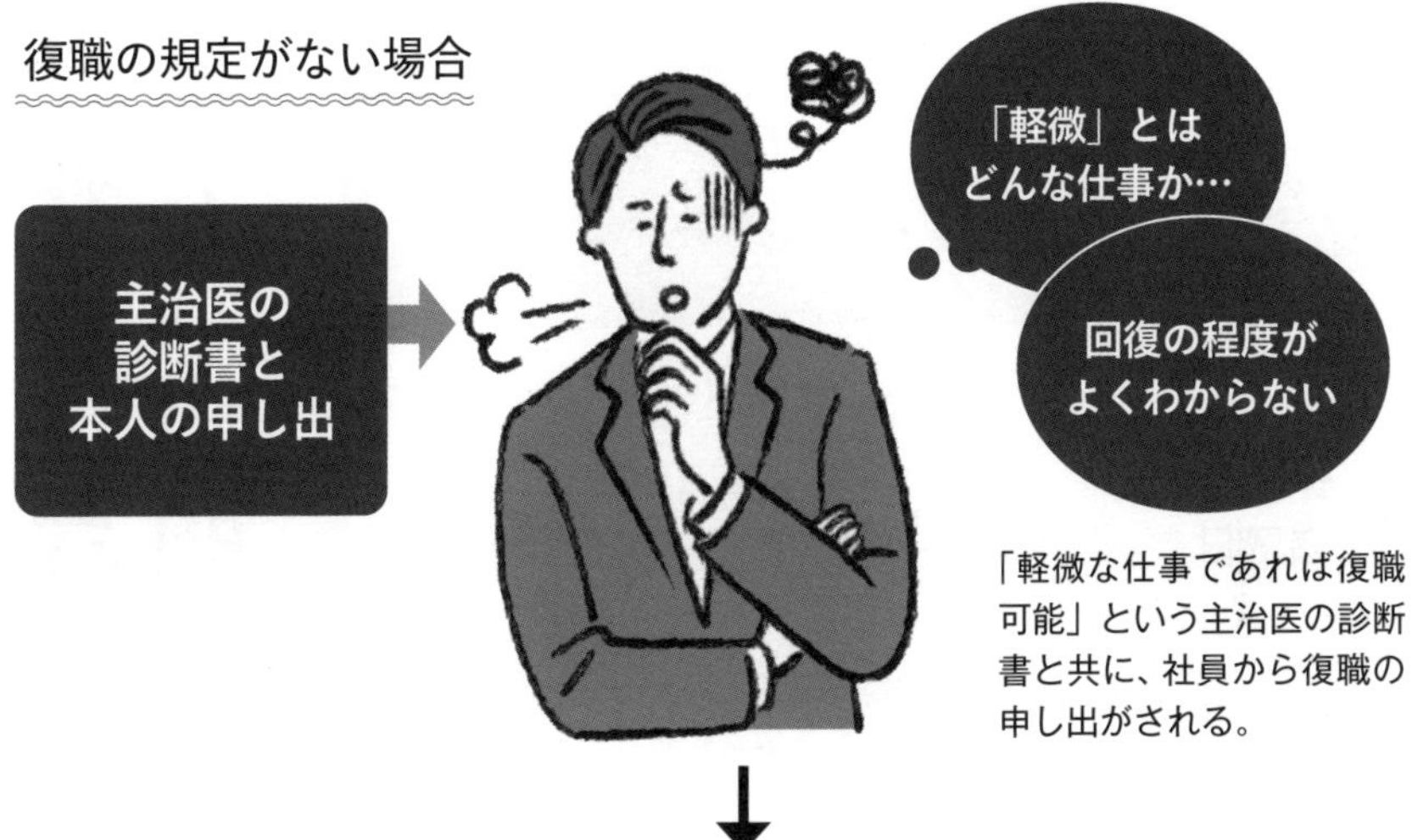

リスクを減らすルールをつくる

復職の基準を明確にする

復職の判断の所在

復職の可否は労働契約における判断であって医学的判断ではないことを明らかにする。主治医の見解に引っ張られ、復職を認めざるを得ない事態を防ぐ。

復職の可否を決めるのは会社

復職できる治癒の程度

「従来の職務と同じことができる程度に回復した状態」という趣旨の記載をする。求められる回復の程度を明らかにする。

従来の職務と同じことができる程度

ほかの医師の意見

主治医の意見のみが議論の材料にならないように、産業医などに意見を聞くことができるようにしておく。中立的な立場の復職についての意見を確認する。

第三者の医師の見解も聞く

メンタル不調の
社員対応の
ポイント

休職前に会社の規定や方針をしっかり説明してリスクを減らす

「休職している社員と連絡がとれない。社会保険料の立て替えがあるのだが、どうしたらいいのか」という相談を受けることがあります。このような場合、会社としても精神的な負担になることを危惧して、相手に繰り返し連絡することを躊躇し、事態が進展しないことになりがちです。

こういったトラブルを避けるためには、休職に入るときに説明を丁寧に実施することがポイントになります。説明は、面談に加えて書面によって実施します。

「連絡がとれない!」のトラブルを回避する

自然退職と復職の規定を定めて安心するだけではいけません。
休職前の対応で忘れてはいけないことがあります。

休職に入る前に
面談＋**書面**で**4つ**のことを
説明します

1　休職期間の満了日
社員にとってもっとも重要なこと。認識の相違がないように具体的な日時を伝える。

2　自然退職の取り決め
休職期間満了日までに復職ができない場合には、退職になる場合もあることを明確に伝える。

社員にとって「不利」と思えることは、
なおさら曖昧に伝えるべきでは
ありません

3 休職期間中の社会保険料の支払い方法

本人負担分を請求しても無視されれば、会社で立て替えることになる。この費用は将来の賃金や退職金から一方的に差し引くことはできない。「会社から請求書を送付して振り込んでもらう」など支払い方法を決める。

「休職期間中は
給与がないのだから
社会保険料の
負担もない」は誤解

4 休職期間中の定期的な報告

就業規則に定めがあれば、休職期間中における状況について定期的な報告を求めることができる。逆に言えば、定めがなければ休職期間中に報告を義務づけることはできない。

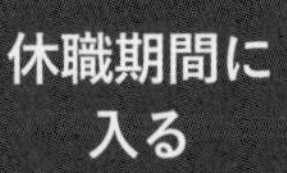

「聞いていない！」を防ぐ

社員から聞いていないと主張されると、会社にとって不利な判断がなされがち。書面を渡して記録として残すことで事後のリスクを減らす。

「SNS に家族と旅行に行っている写真が…」といった報告がほかの社員から寄せられることがあるが、休職期間中は労働の義務から社員は解放されている。遊んでいるのは問題行為ではない。

典型的な
事例で学ぶ

定年後も雇用を継続している問題社員

事例紹介

典型的な町工場であるA社では、人手不足のために、問題社員を定年後も嘱託社員として雇用していました。やがて5年経ち、契約更新を断ろうとしたのですが、無期労働契約への転換（⇒ P123）を申し込まれたことにより、雇用を継続せざるを得なくなりました。

中小企業の多くは、60歳定年制とし、1年ごとの有期雇用契約を更新することで65歳までの雇用を維持しています。こうして定年後に再雇用したひとを嘱託社員（契約社員）などと言います。

●無期労働契約への転換

紹介事例にあった「無期労働契約への転換」とは、有期労働契約が更新されて通算5年を超えた場合に、労働者が無期労働契約への転換を申し込むことができるというものです。この権利が行使されると会社の意向に関係なく有期労働契約が無期労働契約になります。

A社では、60歳を超えた場合の定年を設定していませんでした。そのため、無期労働契約への転換の申し込みで、相手はいつまでも勤務可能になってしまったのです。

●解決金を支払って終わる

この事案では個別に協議をして解決金を支払うことで退職をしてもらうことができました。仮に退職の合意ができなかったら、A社は問題社員の希望する限り雇用を維持するしかありませんでした。

●防ぐには規定などが必要

こういった事態を防ぐためには、①就業規則に嘱託社員の定年を明記する（例えば70歳までなど）、②継続雇用の高齢者には無期転換申込権が発生しないとする特例の活用をする（都道府県労働局の認定申請を要する）といった対応が求められます。

定年社員
対応の
ポイント

再雇用するときは、業務内容と賃金の同意をとる

同一労働同一賃金の定め

労働法で定められたものに「同一労働同一賃金」があります。
再雇用の際もこのことを念頭におく必要があります。

例えば

同じ業務に従事しているのに
正社員にのみ手当がつく・昇給がある

正社員と
非正規社員の
格差

↓

＼＼ 格差を是正する ／／

同一労働同一賃金

企業内で同一の仕事をしていれば同一の賃金を支給する。

これは定年後の再雇用にも適用されます

つまり

「定年後だから賃金の
減額は当然」とはならない

「定年である60歳を超えたから賃金を３割減らす」など、年齢だけを理由に賃金を一方的に減らすのは、同一労働同一賃金に反する違法行為となる可能性がある。

まずは再雇用の問題をおさえましょう。圧倒的な人手不足から、経験のある社員は中小企業にとって貴重な戦力です。このときに定年後だからといって安易に賃金を減らすことはリスクを伴います。

もっとも限られた経営資源しかない中小企業には、定年後の社員に十分な賃金を支払うだけの余力がないのも事実です。ある程度の減額を求めるのはやむを得ないところがあります。

雇用条件について話し合う時間を持つべきです。

再雇用の賃金でもめないために

賃金の減額をしたい場合、業務内容などについて確認することなく漫然と賃金だけを協議することがないように注意してください。

業務内容の条件を確認する

従前と同じ「業務」あるいは「責任」で賃金だけ減らすというのは、社員としても受け入れがたいものがある。従前より負担が軽くなる条件にする。

具体的な賃金について同意を得る

協議をして社員からの同意を得るようにする。

!

■ 減額は「ここまでなら大丈夫」というのはない

減額の程度は、業務内容などによって異なるもの。ただ４割を超える削減だと、違法と評価される可能性が極めて高くなると考えられる。

■ 手当についても同様に確認が必要

手当についても「定年後だから」という理由だけで支給されなくなると違法として争われる場合がある。

規定がないと、退職してもらうには金銭的解決となる

こうして有期労働契約が結ばれ、更新し続けて通算５年を超えている場合、規定など（⇒P123）がないと、協議して解決金を支払って退職してもらうといった対応になる。

定年社員対応のポイント

トラブルを避けたいなら、定年前に協議を開始する

定年を理由に辞めさせることはできない

問題社員に対し「定年を理由に退職してもらおう。それまでは我慢」と考える方も少なくありませんが、そううまくはいきません。

社員が求める限り65歳まで雇用する義務がある

定年後の勤務を求めないのであれば、原則として社員の同意を要する。

問題社員は再雇用せずに、定年で辞めてもらおうと考えている経営者もいると思います。

しかし、「定年後は悠々自適な暮らしを」と話していた社員も定年が近くなると退職することに不安を覚えます。生活費を年金と蓄財だけで賄えるとは限りません。収入を確保しておかなければ不安になります。働き続けたいというのは、当然の希望です。

そういった社員の事情もあるため「60歳で終わり」とするためには、慎重な対応を要します。

定年前の早くからの協議が決め手

「定年後の更新はしません」と告知するだけでは、
裁判などで争われる可能性が高いです。
慎重に協議する必要があります。

定年の半年前から協議する

人生後半の暮らし方に直結する問題であるがゆえに、少し早いと感じるくらいの時期に協議を始める。

反論
なぜ自分だけ雇用が継続されないのか
不当だ！

協議のPoint

問題点は軽く触れるだけにする

協議はいわば退職勧奨のようなもの。「○○という問題行為があった」と問題点だけを連ねるだけでは、かえって感情的な反発を受けることになる。

退職金の加算といった条件を話す

同意を得るための具体的な条件を中心に協議する。退職金の加算に相場はない。65歳まで雇用を維持した場合の人件費などと比較考慮して、経営者が判断することになる。

私は退職金の加算によって退職の合意を取りつけるのが、賢明と考えています。加算の程度としては、年収の半分をひとつの目安にしています

典型的な
事例で学ぶ

後継者が問題社員化してしまった

事例紹介

鋼と部品の製造を担うＡ社では、後継者である長男が社員から会社への不満を聞き、親である経営者に対して労働環境の改善を要求しました。労働時間の短縮や年次有給休暇利用の促進など、可能な限り改善したものの、長男は社員の要望をひたすら経営者に進言するようになってしまいました。

中小企業では、圧倒的に親族間の承継が多いものです。この場合、経営者は自分の子として期待し、子は親の期待に応えようとするものですが、経営者と後継者の間で予期せぬトラブルが起こることがあります

社長と後継者の目線がそろわずにトラブルになることがあります。経営者は「後継者を早く育てたい。だからといっていきなり役職に就けると、ほかの社員から反発を受ける」と考え、まず後継者を一般社員として採用して育てていこうとします。ただ後継者のなかには、後継者としての実績を焦るばかりに自分の発想に固執して組織に亀裂をもたらすひともいます。

●要望をひたすら伝える

紹介事例では、後継者は「このままでは若手が離れてしまう。自分が意見を伝えなければ」と経営者に対して労働環境の改善を訴えていました。そこで、経営者は可能な限り改善をするようにしました。ですが、しだいに後継者は、ほかの社員の要望をひたすら経営者に進言してきます。経営者にしてみれば、たんなる社員の人気取りのような行動でしかありません。

●ときには厳しい対応が必要

そこで、経営者は社員を集めて意見を求めました。すると誰からも意見がでてきません。むしろ「このままで特に問題はない」という始末。後継者は、「なぜ」と呆然としていました。

この後、経営者は後継者と対話をする時間をつくりました。後継者の意見に耳を傾けながらも、経営者として今回の問題点を指摘します。結果として、両者は心機一転して共に働く道を選びました。

後継者対応のポイント

「家族だからわかり合える」をやめ、「向き合う」ことをおそれない

いかに立派な事業や資産を構築しても、後継者に手腕がなければ、あっという間に消え去ってしまいます。だからこそ経営者は、覚悟を持って後継者の経営手腕を育てていかなければなりません。

育成方法には、「こうすれば絶対にうまくいく」という答えはありません。経営者が自己の人生観をかけて挑戦するべきものです。ただ、事業承継のトラブルに関与してきた者としてお伝えできることがあります。それは後継者との対立をおそれないということです。

問題を避けても、いいことはない

後継者が自身の子どもの場合、
経営者には親としての優しさもあります。
後継者との軋轢を避けたくなるものですが、これは悪手です。

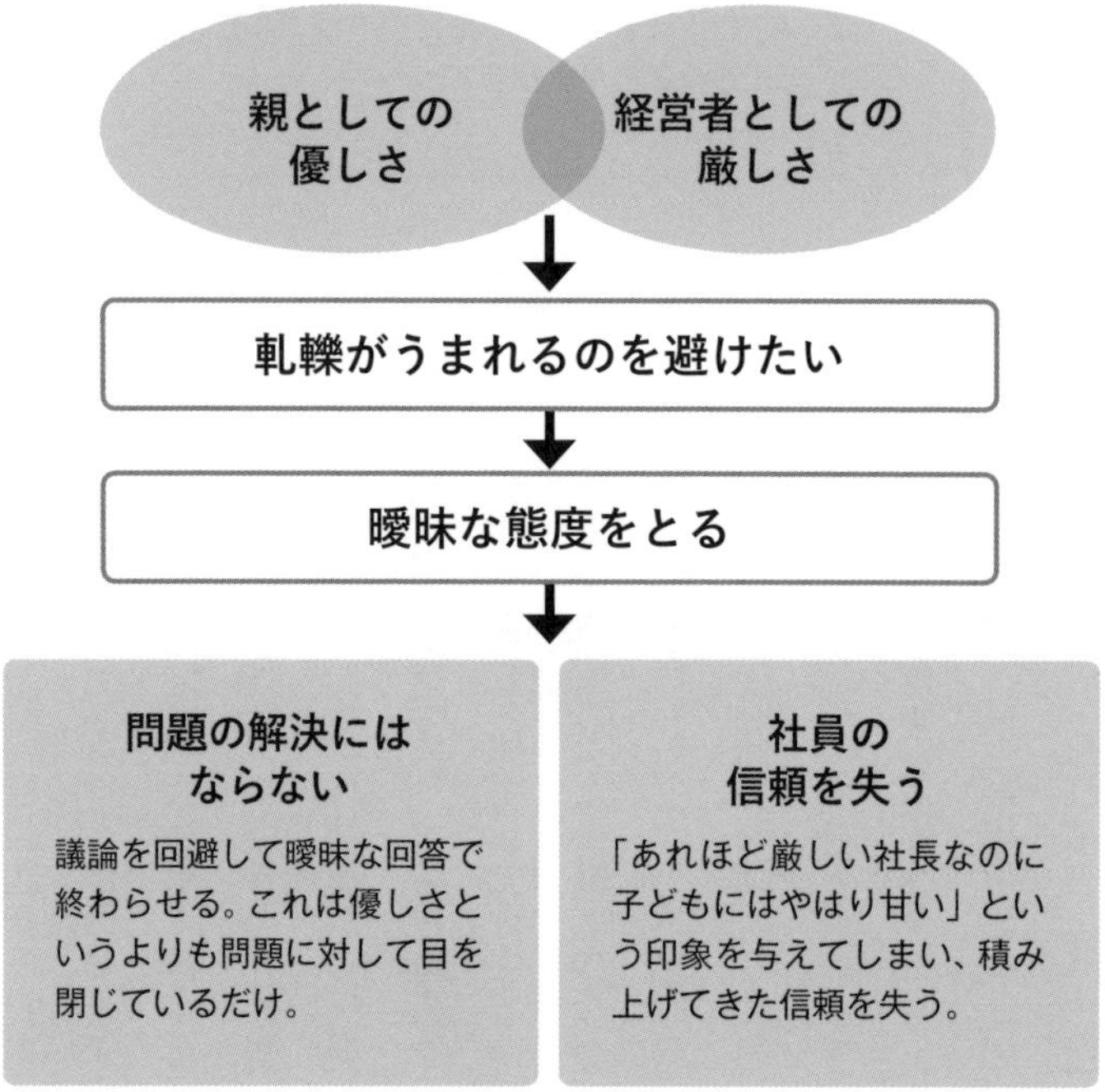

親としての優しさ / 経営者としての厳しさ

↓

軋轢がうまれるのを避けたい

↓

曖昧な態度をとる

↓

問題の解決にはならない

議論を回避して曖昧な回答で終わらせる。これは優しさというよりも問題に対して目を閉じているだけ。

社員の信頼を失う

「あれほど厳しい社長なのに子どもにはやはり甘い」という印象を与えてしまい、積み上げてきた信頼を失う。

意見が対立したときに経営者がすべきこと

対話によって対立を乗り越える。それを積み重ねていけば、やがて事業のバトンを安心して渡せるようになるはずです。

経営者

後継者の意見をじっくり聞く時間をつくる

２人だけの時間を設けて意見を聞く。後継者の意見を否定するだけでは、解決の糸口を見いだすことができない。

意見を採用しないときは、判断プロセスも伝える

判断プロセスを伝えることは、自社が大事にしている価値観を伝えること。後継者の手腕を磨くことができる。

撤退ラインを決めてから任せる方法もある

たいていは後継者の経験不足からうまくいかない。こうした挫折は、経営者になるためには大事な経験。

＼＼ どうしても折り合いがつかないとき ／／

金銭的解決で袂を分かつケースも

経営者と後継者の対話が決裂し、後継者に退職金など１億円を支払って退職してもらったケースもある。ただし、このような金銭的解決の場合、家族関係にも亀裂が生じることになる。

交渉を
有利にする
ために

就業規則をしっかり整えれば問題社員対応の負担を軽くできる

ここからは就業規則について説明します。経営者に就業規則の有無を質問して「担当者に聞いてみます」と言われると、正直なところ「負けるだろうな」と感じます。実際に就業規則の整備が不十分なために、前述したような事例でも反論できない場合が多々あります。

経営者は、売上に直結しない就業規則に興味を持てません。その無関心が問題への抵抗力を弱めることになります。地に足の着いた経営をするのであれば、就業規則の見直しを始めるべきです。

就業規則とは何か

就業規則は、職場の基本ルールであり
経営者の理念を具現化したものです。

職場内の規律についてまとめたもの

賃金、労働時間といった労働条件に関すること、あるいは職場内の規律についてまとめている。

就業規則

↓

問題社員へ対抗するための唯一の拠り所

就業規則の服務規律に記載があれば、就業規則に反するものとして、自信を持って指導できる。

就業規則が根拠だと、指導がしやすくなる

**就業規則に指導の根拠となる規定があれば、
問題社員を指導する側の負担は格段に減ります。**

●就業規則の心得

会社の希望を反映したものに設定する

服務規律など、コアな部分について会社が有利になるように記載する。どこかで見かけたものを流用することはしない。社員に有利な記載ばかりのものになってしまうリスクがある。

「つくって終わり」にはしない

「働き方改革」に象徴されるように労働のルールは、時代と共に変化する。「先代のときに作成したまま」は、それだけでリスクになる。就業規則は磨き続けるものだという意識を持とう。

交渉を有利にするために

就業規則の「どこから手をつけるか」に悩まないためにすべきこと

「問題社員への対応に就業規則が大事なことはわかった。それでどのように変更すればいいのか」とセミナー後に経営者から質問を受けることがよくあります。回答に困ってしまう質問のひとつです。

結論としては、会社の規模に関係なく顧問の社会保険労務士をおくべきと考えます。

「働き方改革」という言葉に代表されるように、労働のルールは頻繁に変更されていきます。経営者がすべてに対処するのは、非現実的と言わざるを得ません。

「見直し」には2つのプロセスがある

「見直し」は下記の2つのプロセスによって成り立ちますが、前提として就業規則を理解しておくことが必要です。

1. 現状の課題を明らかにする
↓
2. 明らかになった問題を修正する

就業規則の内容を把握していないとできない

「この部分から手をつける」というよりも「全体を見て修正箇所を探しだす」ということから始めることになる。

結局、どうしたらいいんだ…

任せる部分は任せて効率的に

経営者は、経営者にしかできないことに集中しましょう。
効率的な経営のためには「任せられるものは、任せる」という割り切りが大切です。

自社だけで修正点を見つける

現実的ではない

自社で「この部分が間違っている」「この部分が時代に合っていない」など見つけだすというのは非現実的。それがわかるのであれば誰も苦労しない。

どこから手をつけるか悩む

時間がもったいない

未経験のことなので手間ばかりかかり、いつまでも手がつけられない。何とかカタチになっても、中途半端なものになってしまいがち。

顧問の社会保険労務士をおくべきです

会社の規模に関係なく社会保険労務士の顧問をつけよう。

既存の就業規則全体の調査をしてもらう

おそらく複数のポイントで指摘を受けることになる。場合によってはゼロベースでつくり直したほうが手っ取り早いという結果になることもある。

変更手続きだけでなく、従業員への説明も任せる

変更することにした場合、経営者が説明すると社員からの質問に対して適切に回答できないことがある。それがときに社員の不信感にもつながる。

「経験を買う」と考えよう

費用が発生するが、経営者がゼロから学ぶために要する労力に比較すれば、効率のいい投資。

交渉を
有利にする
ために

就業規則の変更には原則社員の同意が必要

自由に変更できるわけではない

就業規則は修正したからといって、直ちに有効にはなりません。
就業規則は経営者だけではなく、
社員を守るものでもあるからです。

経営者の意思 ≒ 社員の意思

つねに一致するわけではない

現実には経営者と社員の利害が対立するときもある。

就業規則は経営者の一存では自由に変更できない

就業規則を見直して、会社にとって有利に変更するときには注意を要します。職場のルールである就業規則は経営者の一存で自由に変更できるものではありません。社員にとって不利益となる変更には、社員の同意が必要になります。

典型的な場面としては、退職金の減額があります。この改革は、高齢の社員にとって受け入れがたいものです。自分だけが不利益を受けるように感じるからです。提案方法を失敗すると、会社に裏切られたという思いを抱かせます。

＼例えば／

退職金の見直し

現在では基本的に65歳まで雇用を維持する必要がある。少子高齢化のもと、今後さらに延長されることが想定される。従前の基準のままでは、会社に相当の負担となるため、長期的視点から退職金規程の見直しを図りたい。

賃金の減額

手当の廃止

労働時間の延長

残業制度を導入して、基本給を下げる

など

社員にとって不利益な変更には、原則、全社員の同意が必要

各社員に対して変更を説明し、同意書に署名してもらわなければならない。特に経営者に反抗的な社員について同意を得るのに苦労する。

合理的理由があれば、全社員の同意がなくても変更できる

変更に合理的理由があれば、全社員の同意がなくても変更可能。合理的理由の有無は個別の事情によって異なる。

実務上は同意を得ておくほうが無難

適切に手続きをしても「社員に不利益になる労働条件を一方的に変更することにつき合理的理由がない」として裁判で無効と判断される場合もある。

●同意なしでも認められるには

いくら努力しても同意を得られない場合もあります。しかし、就業規則の不利益変更がいっさいできないと、事業に支障がでてしまうこともあるでしょう。そこで一方的な不利益変更は原則許されないものの、合理的な理由が認められれば、有効とされています。

交渉を
有利にする
ために

ルールが現場で機能していなければ、意味がない

内容よりも運用が問題になる

労働事件となる典型的な事例は、就業規則で定めたルールと現場での対応が一致していない場合です。

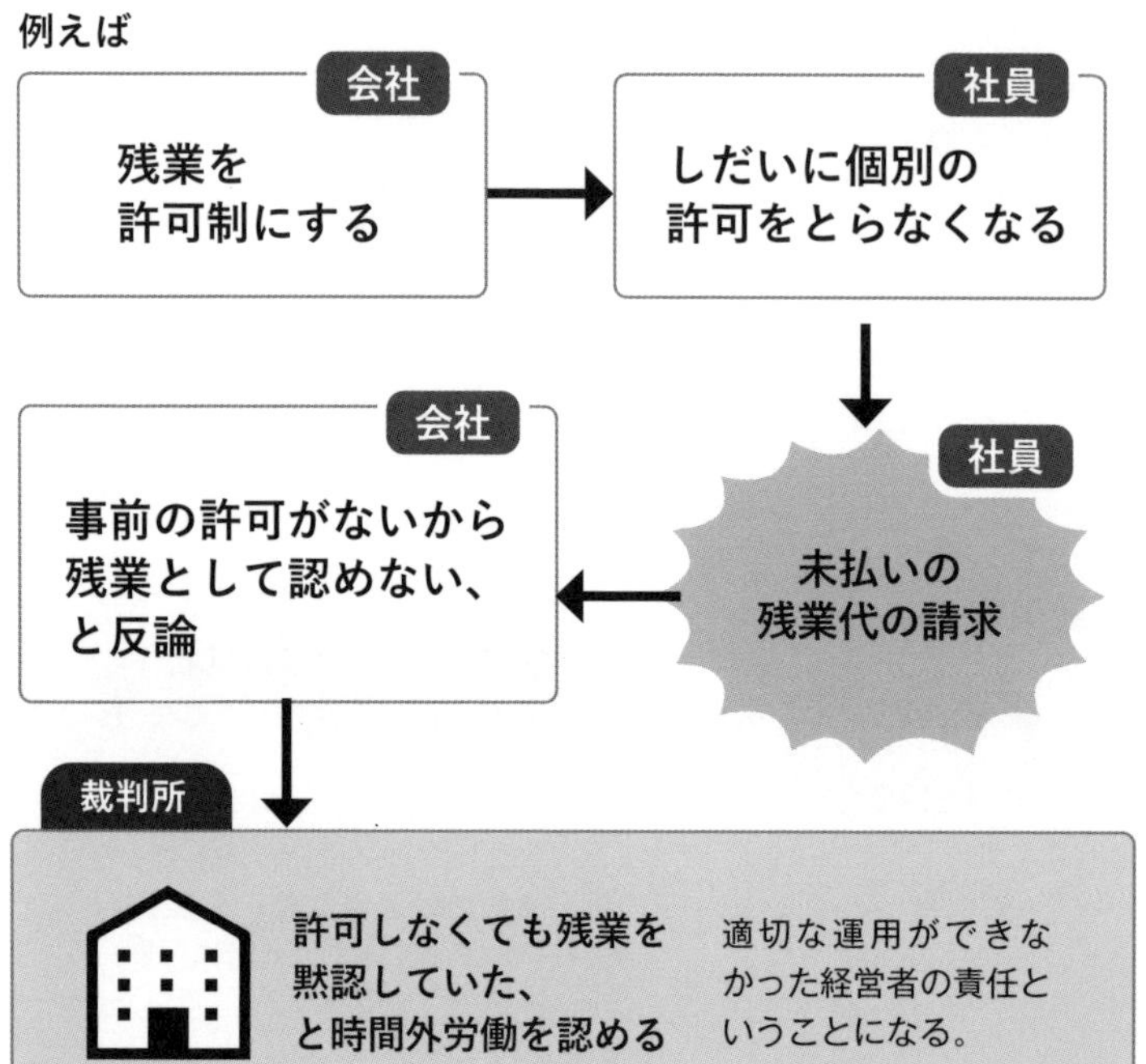

ここまで就業規則の重要性を強調してきました。もっとも就業規則を経営に活用していくためには、「いかなるルールを盛り込むか」という内容の視点だけでは不十分です。「いかにルールを現場に浸透させるか」という運用の視点も同時に意識する必要があります。

就業規則を「職場の本棚に入れていた」という弁解をしても無意味です。正しい運用と社員への周知が徹底されていないと、会社にとって有利な内容を盛り込んでも適用されない可能性があります。

5章

労働事件を減らす
失敗しない採用

中小企業の経営者のホンネ

「応募者数を増やしたいんです」

採用のミスマッチで問題社員化

これまでは問題社員の対応について述べてきました。本章では、問題社員のリスクを減らす「採用」について説明します。

そもそも労働事件の99・9%の原因は、採用のミスマッチにあります。 問題社員は、採用当時から問題社員というわけではありません。**会社と社員の価値観のミスマッチがしだいに普通の社員を問題のある社員へと変容させていきます。**

日本は、労働人口の減少という大きな問題を抱えています。「やっと応募があった」と選考もせずに採用してしまうと、価値観の合わないひとまで雇用するリスクが増えていきます。ただでさえ疲弊している職場に問題社員を送り込んでしまうと、さらに現場からの顰蹙(ひんしゅく)を買うことになります。場

合によっては、社員の一斉退職という憂き目にあいかねません。

▼採用の精度を高めて自社を守る

いったん採用をすれば、仮に社員に問題があっても、解雇することは困難です。つまり、経営者に残された裁量は著しく制限されてしまいます。

逆に採用については経営者に対して「採用する・しない」の広い裁量が認められています。自社の組織を固めるためには、この与えられた裁量権を最大限活用するべきです。**採用の精度を高めることこそ問題社員から自社を守る最大の防壁になります。**この観点から採用について再検討します。

本章では、まずは中小企業の採用におけるミスの原因から確認していきます。採用に失敗する原因を特定したうえで、採用方法を組み立てていきます。

5章のKeypoint

- 採用を正しくおこなうことで、問題社員のリスクを減らすことができます
- 会社に合った「いいひと」を見つけつける採用の考え方・方法をおさえていきましょう

応募者数を増やそうとした結果、採用に失敗してしまう

採用ミスの始まりはKPIの設定方法

「多くの応募さえあれば問題を解決できる」という
誤認識こそ職場におけるあらゆる問題のもとです。

KPI（重要業績評価指標）

目標達成度をはかる指標のこと。

多くの経営者は、採用
におけるKPIを応募
者数としている。

経営者が採用に失敗する原因から解説します。最大の原因は、KPI（上図参照）の設定ミスです。100人の応募があっても、会社の価値観を共有できない100人であれば意味がありません。妥協して採用すると、100人の問題社員を抱えるだけという地獄の日々に至るだけで、採用として失敗です。

●採用の目標を見失わない

応募がたったひとりでも会社に合ったひとを確保できたなら、採用として大成功です。経営者は「人手が足りないから」と応募者

【典型的な失敗パターン】

ひたすら求人サイトでの掲載を増やそうとする

求人サイトも経営者が応募者数にこだわることを認識している。そのため、できるだけ応募者数を増やすべく応募方法をシンプルなものに設計する。

↓

会社に合わないひとまで応募してくる

サイトでは大企業と比較されやすく、「コストをかけても効果がない」となる。気軽に応募してくるひとは、会社に対する思い入れもないため簡単に退職しやすい。

↓

採用しても問題社員化する

会社の価値観に合わないい人材をとることになる。採用のミスマッチが起こり、問題社員化するリスクが高まる。

こんなはずじゃなかったのに

採用の成否とは、つまるところ経営者が求める人材を確保できるか否かによって決まる。応募者数と採用の成否は必ずしも一致しない。

数をひたすら増やす発想を持つべきではありません。

採用の成否とは、経営者が求める人材を確保できるか否かによって決まります。求める人材とは、端的に言えば会社の価値観を共有して指示に従うひとです。そこをおさえなければ採用費用ばかり要して、結果につながりません。

なぜ採用でこけるのか

面接の印象で決めて後悔しがちな中小企業

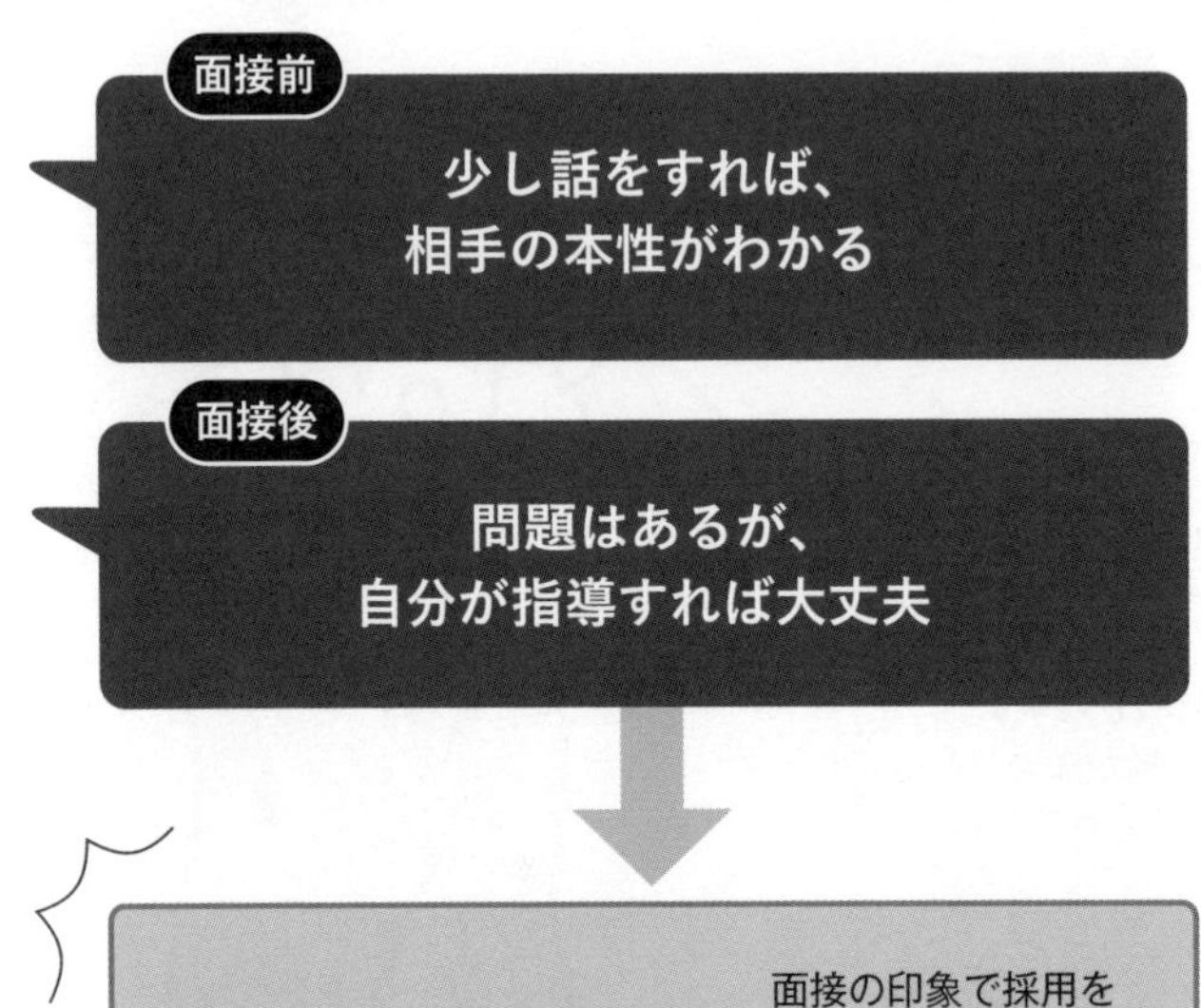

採用におけるミスの原因としては、面接に対する過度の期待もあります。

中小企業では、選考をするにしてもたいてい書類選考と数回の面接というものです。経営資源の限られた中小企業にとっては、採用にコストをかけるわけにはいきません。選考がシンプルになるのはある意味では仕方のないことです。

ここで問題なのは、採用の成否を面接の印象だけで決めてしまっていることです。これが採用のミスマッチを引き起こします。

面接の手応えだけで決めては危険

面接の印象だけで採用を決めて失敗するのには、様々な要因があります。
思わぬ落とし穴があるものなのです。

採用を
成功へ導く
第一歩

会社にとって「いいひと」を正しく設定する

では、中小企業が採用を成功させるにはどうしたらいいのか。中小企業における「採用」のあり方を考えましょう。

能力が高くて人柄もいいひとの多くは、大企業に採用されます。厳しい現実として、中小企業には特段の事情がない限りそのようなひとは応募してこないでしょう。

そこで中小企業の経営者に求められるのは、育てるに値するひとを見つけだすことです。そのためには、自社として求める人材を具体化する必要があります。

中小企業の経営者が目指すこと

経営者は極端に優秀なひとを
「求める人材」として設定しがちです。ですが、
そういった「いいひと」はたいてい大企業に採用されます。

求める人材 ＝ 極端に優秀なひととする

↓ しかし

たいてい大企業に採用される

↓ ならば

中小企業の経営者の役割は
「育てるに値するひとを見つけだすこと」

最初からスキルの高いひとを見つけだすことを目指さない戦略をとるべき。

「いいひと」の設定方法

採用に失敗しないためには、育てるに値する人材＝自社として求める人材を具体化し、解像度を高めましょう。

＼＼ Step1 ／／

求める人材のイメージを社内で話し合って統一する

経営者と現場の社員では、求める人材のイメージに差異が生じることがある。これでは採用しても「求める人材と違う」ということになる。

＼＼ Step2 ／／

「優秀だ」と判断している既存社員をもとに人物像を特定する

抽象的に優秀な人材を検討してもたんなる理想論だけで終わってしまう。特定の社員を前提にすることで初めて具体的にイメージすることができる。

＼＼ Step3 ／／

そのひとに対して評価している行動を棚卸しする

率先して挨拶をする、顧客との雑談を心がけているなど、優秀だと評価しているひとの行動を整理する。

「いいひと」を具体化する

採用すべき人材が特定され、ミスマッチのリスクが減る

求める人材の解像度が高くなり、面接官が質問すべきこともみえてくる（⇒P155）。

採用媒体は何がいいか

中小企業に合致するひとを見つけやすいのはハローワーク

次に、採用媒体について考えましょう。中小企業の採用媒体としては、ハローワークを活用することをお勧めします。

ハローワーク経由で採用したひとは、ほかの媒体経由に比較して定着率が高い印象を受けます。これはあくまで個人的な経験に基づく印象ですが、複数の経営者からも同様の声を耳にします。

中小企業は、求人媒体をむやみに増やすよりもハローワークの求人票の記載内容を磨くことに知恵をしぼるべきです。

ハローワークが有効な理由

中小企業の採用媒体としては、ハローワークというなじみの機関こそ有効です。これには理由があります。

1

地域との関係性が強い

グローバル社会と言われているものの、中小企業の多くは地域密着型であり、基本的には本社を中心に限定されたエリアを商圏とする。地域の総合的雇用サービス機関であるハローワークは、地域で長期的に勤務したいひとが集まりやすい。つまり、中小企業に合ったひとが見つかりやすい。

特に地方では、代替する手段が限られていることもあって、ハローワークへの依存傾向が強いです

2 求職者のモチベーションが高い

ハローワークは、応募手続きがほかの媒体と比較して手間がかかる。つまり、応募のハードルがほかの媒体と比較して高い。手間をかけてでも応募するひとは、モチベーションが相対的に高いと言える。

コストをかけずに モチベーションを持って 長く勤務してくれるひとを 見つけることが できるのがハローワーク

! 求人票の書き方で差をつける必要がある

多くの会社は求人票の内容に戦略がない。ありふれた表現を用いた求人票では、ほかの求人票と大差なく、アピールすることができない。求人票の書き方をまとめた専門書や関連するセミナーも参考にし、多数の求人票のなかで埋没せずに求職者の目に留まるようにしよう。

工夫の例

初任給に幅をつくらない

例えば 18 万～ 25 万円という幅をつくっていた場合、「あなたの初任給は 18 万円です」と応募者に伝えると、応募者は低い評価をされたと思い、モチベーションが下がる。

採用ページ（⇒P151）で内容を補完する

字数制限があり、会社の情報のすべてを詰め込むことは物理的に不可能。求人票には内容を補完する採用ページの URL を掲載しよう。

採用ページを充実させる

"ありのままの姿"を発信し、「イメージと違った」とさせない

ハローワークで興味を持った求職者は、その場でスマホを取りだし、会社のウェブサイトを閲覧します。ウェブサイトの採用ページは、求人票の補完です。求人票で概要を伝えて詳細を採用ページで伝えていくことになります。ハローワークの求人票と採用ページはセットとして捉えましょう。

そこで、採用ページを充実させることに大きな意義があります。採用ページを作成するうえで大事なことは、等身大の情報を提供することです。

もはや会社が情報を発信するのは必須

求職者は、興味のある会社に出会えばネットで情報を集めます。会社が自社の情報を発信することは、採用を強くするうえで必須です。

応募先のイメージを膨らませる

求職者は会社のウェブサイトやSNSなどから情報を集めて、応募先のイメージを膨らませる。ウェブサイトがなければ、応募対象から外れてしまう可能性が高くなる。

中小企業が情報発信で気をつけたいこと

大事なのは発信方法ではなくコンテンツです。
とりあえずはウェブサイトの採用ページの運営に集中しましょう。

話を盛り過ぎない

話を盛り過ぎると採用しても「思っていた会社の雰囲気と違うから」など、仕事のやりがい云々の前にイメージと違うというだけで離職してしまう。

等身大の情報で自社に間違ったイメージを抱かれるのを防ぐ

"先輩の声"で納得感をだす

「子どもが発熱したときには電話ひとつで有給が利用できる」「参観日は時間単位で有給を利用した」など制度活用の実績を掲載する。

厳しい話にも触れる

仕事における大変さなどについても、率直に触れておくと情報の信頼性を高められる。また、覚悟のあるひとが応募してくれる。

数字を用いた表現で「ありのまま」を伝える

年次有給休暇の取得率など、数字を用いた表現だと相手にイメージが齟齬なく伝わりやすい。

履歴書の
何を
みるべきか

履歴書で確認するのは、意見ではなく事実を

自己申告は当てにならない

履歴書において、志望動機や得意なことといった、応募者からの自己申告による内容は鵜呑みにすべきではありません。

たいていのひとには、明確な動機はない

何となく興味がわいたから応募したというのが実情。志望動機について、いくら慎重に読み込んでもあまり意味はない。

実際には「できない」ことだってある

「○○ができる」というのはあくまで自己申告でしかない。パソコンが得意とあったので実際に担当させてみたら、まったくできなかったということもよくあるケース。

応募があったら、いよいよ選考です。中小企業では、通常履歴書など書類選考から始まります。履歴書で確認するべきことは、意見ではなく動かざる事実です。

例えば、もちろん一概には言えませんが、いくら転職が一般的なものになったからといって、数年単位で転職を繰り返しているひとには注意を要します。問題を起こしながらも業界内で職場を転々としているひともいるからです。

●手書きであるべきか論争

履歴書については、「手書きで

履歴書はまず 2 点をチェック!

**漫然と経歴だけをみても何もわかりません。
問題社員を避けるという観点からは、
少なくとも以下の2点は意識してチェックしましょう。**

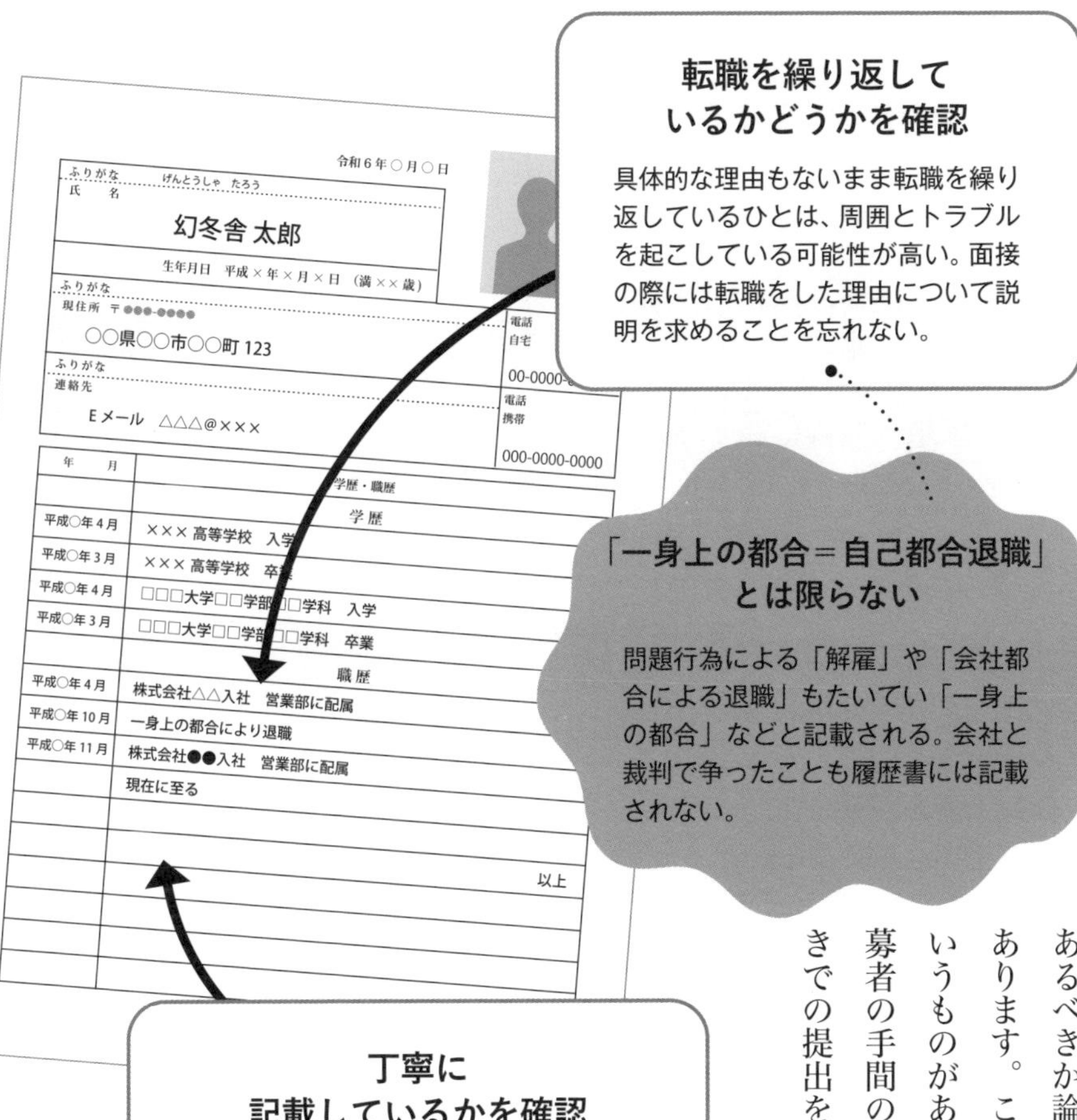

**丁寧に
記載しているかを確認**

「修正ペンで修正されている」「枠からでている」「セロハンテープでとめてある」など、適切に提出しようとする手間を惜しんだ形跡があるひとは、自社の事務などを適切に遂行できるとは考えにくい。

あるべきか論争」が長年にわたりあります。これについては正解というものがありませんが、私は応募者の手間のかけ方がわかる手書きでの提出を推奨しています。

面接では
何を
聞くべきか

面接を雑談にせず、実りあるものにする

面接で質問してもいいこと

面接には配慮が必要となる質問があります。面接する側は、まずこのことをおさえておく必要があります。

○ 応募者の適性や能力に関すること

例
・会社の印象
・自分の長所
・したい仕事　など

× 本人に責任のないこと
思想・信条に関すること

例
・本籍
・家族の職業
・愛読書
・尊敬する人物　など

配慮すべき事項の詳細は厚生労働省のウェブサイトを確認してみてください

いよいよ面接となったら、相手の本質と求める人材かどうかがわかる質問事項を事前に用意しておきましょう。

なお、メンタルヘルスに関する質問は、具体的な必要性があれば確認することが可能とされています。事前にアンケート形式の書面で過去の通院歴について質問しておくのもひとつの方法です。

回答は任意として、「回答しない」ことも認めるようにしておきます。回答を強要することは問題になるので注意してください。

本質を知るために質問すべきこと

予想できない質問をすることが機転の有無をみるうえでも効果的です。
相手は最初にたじろぎます。だからこそ本質がわかるわけです。

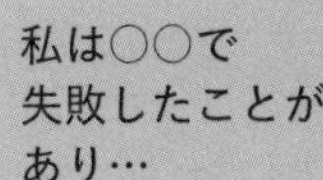

面接官の質問

これだけは必ずcheck!

どんなときに挫折を感じて、それをどうやって乗り越えられましたか？

説明できるひとは、強みがある

挫折を乗り越えて何かを学んでいるということ。採用してすべてが順調にいくことはまずない。失敗をしてもやりきることで初めて仕事は完結する。この「やりきる」というのは、経営における強み。

私は○○で失敗したことがあり…

挫折がないひとは中小企業に向かない

挫折や失敗を経て、ひとは他者への共感や慈しみを学ぶ。人的関係が密接な中小企業では、そういった感性こそが大事であり、それがないとミスマッチが起こる可能性が高い。

＋

解決策を質問してみる

機転のよさを見定めるためには、職場が抱えている課題への解決策について質問してみるのも有効。ここで確認するべきことは、回答内容のクオリティではなく、予想しない質問に対して自分で考えて「わからないなりに回答をだす」という姿勢。

職場の雰囲気をより明るくしたいと考えています。この職場での経験がないあなたでもできるアイデアとしては、どのようなものがありますか？

採用でプラスすべきもの

「感覚だより」の採用に、別の視点を取り入れる

最後に、採用に失敗しないためには、多面的に相手を把握すべく科学的な手法を導入するべきです。そのひとつが適性検査の実施です。

適性検査の結果と問題社員の能力あるいは性格にはやはり何らかの相関性があると考えられます。導入コストは安くなっているので、まず取り入れてみましょう。

検査結果は、採用後の育成においても活用できます。例えば、性格的に合致した先輩を指導係にするなどです。そうやって新人の離職を防止している経営者もいます。

経営者だけの視点は失敗しやすい

人手不足に悩む経営者は、「採用ありき」の姿勢で臨んでしまうため視界が極端に狭くなっています。

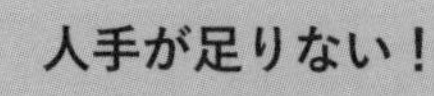

採用しなくては！

視野が狭くなる

採用すること自体が目的となり、求める人材か検証することが二の次になってしまう。

適性検査で経営者ではない視点を取り入れるべき

採用する適性検査は、精度にこだわる必要はない。自社にとってわかりやすいものであれば十分。合わなければ、別のものを使う。

適性検査は異なる２つの検査を併用しよう

適性検査は「能力を判定するもの」と「性格を判定するもの」と分けて実施すると、相手の全体像を捉えやすくなります。

リーダーシップが強いというのは一見すればプラスの評価。しかし、行き過ぎると性格として「我を通す」という評価にもなる。あまりにも極端な結果がでているような場合には注意を要する。

＼＼ 適性検査で ／／

経営者が意識していなかった点がみえてくる

適性検査を導入することで、もともと自分のなかで尺度として持っていなかった要素について検討することができる。

→ **適性検査の結果を含めて採否を判断する**

COLUMN

離職率の低下。これは採用を強化することでもある

採用しても離職者が続出すれば穴の開いたバケツに水を入れるようなものです。やがてブラック企業という悪評すら立ってしまいます。採用を強化するには、「離職率を低下させるために既存制度の見直しをする」ことも大切です。

制度の見直しは、それ自体が求人におけるひとつの魅力になります。いくら「働きやすい職場」と記載しても求職者には何も実感がわきません。求められるのは、働きやすさを担保する具体的な制度です。例えば「有給が取得しやすい」と「時間単位の有給が利用可能で８割の社員が利用」では、働きやすさの印象が格段に違います。

制度の見直しについては、「就業規則」「人事評価制度」「賃金テーブル」という３つの視点から検討します。

人事評価制度は、社員に対して成長の指針を示すものです。社員からすれば、成長の方針がわかるためにモチベーションの向上にもつながります。個人のスキルだけではなく「他者に教える」ことも評価対象になることを明記します。これがなければ自分のスキルだけ磨いて部下の育成に本腰にならないからです。

賃金テーブルは、社員に対して成長の対価を示すものです。採用においては、他社と比較して「賃金が低い」というだけで応募対象から外れてしまいます。さりとて初任給を著しく高くすると、既存社員からの反発を受けることになります。初任給を見直すときは、組織全体の賃金を見直します。

おわりに

支えてくれる社員を大切にすること。それは組織の可能性を広げることにもなります

最後まで読んでいただきありがとうございました。中小企業の経営者は、事業に関するすべての責任をたったひとりで背負う孤独な存在です。**孤独な経営者を支えてくれるのが社員であり、組織です。**

理想の組織というのは、経営者が自らの思想に基づき、つくりあげていくものです。経営者とひとりの社員という1対1の関係の集積としてひとつの組織ができあがっていきます。いくらルールやマニュアルで組織を語っても、たいてい脆弱なものしかできあがりません。

職場に不満がある社員にしても「それでも社長にお世話になっている」と感じれば、労働事件にまでは発展しないものです。経営者とのつながりこそ、すべての問題を包み込むものと言えます。

「一人ひとりの社員との関係」にこだわり続けることが、結果として理想の組織への最短距離だと、労働事件を通じて深く感じるところです。社員を慈しむ姿勢は、おのずと組織に広がり、経営者に無限の可能性を与えてくれるはずです。本書を参考にしてぜひ事業に邁進してください。世界は、あなたの声を待っています。

島田法律事務所 代表弁護士 **島田直行**

島田直行（しまだ　なおゆき）

島田法律事務所代表弁護士。山口県弁護士会所属。山口県下関市生まれ、京都大学法学部卒業。「経営者の悩みにすべて応える」ことを旨とし、問題社員のトラブルのみならず、クレーマー化した顧客の対応、事業承継など幅広いジャンルを取り扱う。心理学的なアプローチを取り入れながら「調和」と「バランス」のとれた解決策を編みだし、これまで経営者側の代理人として200件以上の労働事件を解決に導く。経営者や社労士向けのセミナーもおこなっている。著書に『社長、クレーマーから「誠意を見せろ」と電話がきています 「条文ゼロ」でわかるクレーマー対策』（プレジデント社）、『院長、クレーマー＆問題職員で悩んでいませんか？～クリニックの対人トラブル対処法～』『社長のための士業のトリセツ』（共に日本法令）などがある。

装幀　石川直美（カメガイ デザイン オフィス）
装画・本文イラスト　さいとうあずみ
本文デザイン　工藤亜矢子（OKAPPA DESIGN）
校正　遠藤三葉、渡邉郁夫
編集協力　オフィス201（勝部泰子）

知識ゼロからの問題社員のトラブル解決
円満退職のすすめ方

2025年2月5日　第1刷発行

著　者　島田直行
発行人　見城 徹
編集人　福島広司
編集者　鈴木恵美

発行所　株式会社 幻冬舎
〒151-0051　東京都渋谷区千駄ヶ谷4-9-7
電話　03-5411-6211（編集）　03-5411-6222（営業）
公式HP：https://www.gentosha.co.jp/
印刷・製本所　近代美術株式会社

検印廃止

万一、落丁乱丁のある場合は送料小社負担でお取替致します。小社宛にお送り下さい。
本書の一部あるいは全部を無断で複写複製することは、法律で認められた場合を除き、著作権の侵害となります。
定価はカバーに表示してあります。
© NAOYUKI SHIMADA, GENTOSHA 2025
Printed in Japan
ISBN978-4-344-90363-0　C2034
この本に関するご意見・ご感想は、下記アンケートフォームからお寄せください。
https://www.gentosha.co.jp/e/